翻轉學

翻轉學

翻轉學

翻轉學

郭相俊 곽상준 著 杜彥文 譯

投資常勝的
高勝率金律

葛拉漢、巴菲特、彼得·林區……高手獲利不靠招數，
而是贏在投資的態度

투자의 태도 : 돈을 잃지 않고 투자에 성공하는 기본 노하우

目　錄

目 錄

推薦序
周密的金融市場觀察者

—— 徐準植（서준식），韓國崇實大學金融經濟學系教授

　　雖然我擔任基金經理人有 25 年的經驗，但我盡量不關注財經新聞，也不太關心證券分析師和經濟學家分析的數據，或研討會上發表的論文。

　　對投資人而言，各式各樣的新聞和消息都有可能成為阻礙，不僅會動搖自己的心，還會扭曲衡量的價值觀。例如，新冠肺炎疫情剛爆發時，聽到許多悲觀的新聞報導，使內心恐懼不斷升高，無論事先制定的策略有多好，也很難確實執行，當機會來臨時，反而不敢低價買進。由於我盡量避開這些新聞和分析，使我能一直遵循自己的投資原則。

　　投資人應該要對過多的消息和煽動的言論保持警惕，想要有好的投資成果，必須抱持「知己知彼」的態度，充分了解自己和投資標的，而不是聽信片面的新聞和大量的消息。

　　我偶然在 YouTube 上看到作者郭相俊的影片，立刻吸引了我的注意。不僅因為他的口才好，更因為他有獨特的天賦，能清晰地梳理複雜的金融市場；表達個人觀點的同時，不偏頗，

也不會過度影響投資人；解說時也不會只偏重某一點，避免過度解讀，並始終保持客觀。

他不是直接給答案的嚮導，而是天生的觀察者，能迅速抓住關鍵的核心並傳達給他人，若用做菜來比喻，他不會直接公布食譜，叫別人跟著做，而是提出有哪些食材和料理方式，請每個人根據自己想做的料理來運用。我認為這樣的分析和解讀，有助於讀者養成良好的投資習慣，因此他的 YouTube 頻道是我唯一會看的財經類頻道。

一本安慰投資新手和失敗投資人的書

觀察入微的作者，在本書講述了二十年間他所經歷的市場波動、在市場上看到的各類投資人，以及學到有關投資最基本且最核心的金律，雖然是透過閱讀，但感覺就像在聆聽作者傾吐真心。與他的頻道一樣，書中也不會刻意偏頗或左右讀者。例如書中提到：

「成功最快的方法是找到一位好老師。如果你遇到一位偉大的老師，請記住，複製這位老師的策略，是成為一名成功投資人最快的方式，如果能做到這一點，本書就算完成了使命，擁有本書且牢記這一點的人，如同擁有了一座金礦。」

作者沒有強迫讀者一定要把誰當作老師，而是介紹了他

觀察、學習至今的老師候選人，並引導讀者快速且輕鬆地了解相關知識。淺顯易懂的內容，讓讀者獨立思考和判斷的寫作方式，與他影片中的風格一致，這也是我推崇本書的原因。

　　本書並不是寫給像我一樣有財經背景的專家，或長期從事市場投資和研究、有豐富經驗的投資人。對我來說，本書的內容都是我熟悉且覺得理所當然的「投資態度」，然而，當初我不知道花了多少時間才體悟，並且經歷了無數次的失敗和痛苦。

　　作者透過許多故事和例子旁徵博引，讓初學者了解整個市場，並思考什麼才是正確的投資態度，本書可說是一本「名師講義精華」，讓任何人都可以在數小時內，輕鬆學會原本需要耗費大量時間與精力才能領悟的知識。

前言
靠投資金律累積財富

錢會不斷貶值

我先從一則很久以前的故事開始講起。

我小時候最喜歡吃冰棒，只要有冰棒，不管母親叫我做什麼，一切都沒問題。

當時一根冰棒的價格是 10 韓元 *（約新台幣 0.25 元），還記得打開冰棒盒上的黑色橡膠蓋，映入眼簾的是裝著冰棒的白色塑膠袋，被乾冰包裹著。每當朋友在吃冰棒的時候，我都會站在旁邊，希望能分到一口，現在回想起來，其實冰棒味道很普通，就跟冷凍的糖水一樣。

因為小時候罹患肺病，上學前經常需要去大醫院看病。我很討厭去醫院，因為每次去都要打針，不想去的時候，即使幾個大人拉著也很難拖得動我，但是有一樣東西卻能讓我心甘情願去打針，那就是醫院前面小販賣的魚乾。魚乾實在很好吃，到現在我都還記得，當時父母用魚乾當獎勵，自己咬著牙打

---

* 1 韓元約新台幣 0.025 元。

針的情形，即使痛到哭出來，但想到 50 韓元（約新台幣 1.25 元）的魚乾在炭火上捲曲、漸漸烤熟時，我就興奮地忘了疼痛。現在一片魚乾要多少錢呢？

如果最近去市場隨便買個冰淇淋，似乎都要花超過 1,000 韓元（約新台幣 25 元），雖然偶爾會有買一送一的活動，但總體來說，大家對 1,000 韓元這個價格已經習以為常，以前蝦味先也曾賣過 50 韓元，不過後來一直漲價，不知道現在一包要賣多少錢？從冰棒的價格來看，以前 10 韓元，如今已變成 1,000 韓元，雖然價格上漲，不過冰棒幾乎沒有太大的變化，錢貶值為原來的百分之一。

總結來說，貨幣不斷貶值。除了貨幣，現代資本主義的另一個核心則是生產力提高。

生產力逐漸提高

生產力提高是驅動資本主義的核心之一。過去需要數十名或數百名農夫才能生產的稻米數量，現在只需要一、兩個人就能達成，而且花得時間更短。農業人口雖然急劇下降，但稻米的產量不減反增，農產品變得相對便宜；原本跟磚塊一樣大的手機，如今已經演變成能放進口袋裡的大小，由此可見，生產力提高的速度也非常快。以前只有在實驗室裡才有的 CPU，現

在人人口袋裡都有一台，也難怪生產力會革命性地提升。

還記得小時候，蘋果電腦剛推出時，家裡買了一台 MSX 系統、286 處理器的麥金塔（Macintosh），這是一款可以插上卡帶玩遊戲的電腦。我父親預言電腦世界即將到來，所以很早就買了一台電腦給我，當時一台八位元電腦比父親一個月的薪水還貴，卻被當作遊戲機使用。我還曾經去補習班學習如何使用電腦，但已不記得那時學的任何程式，只剩下和同學們在樓梯間爬上爬下的回憶。總而言之，與今天的電腦價格相比，那台只有黑白螢幕的電腦相當昂貴，而且遊戲畫面也相當遲緩。相較之下，現今的電腦就像翱翔天空的飛機，等未來虛擬實境的技術普及後，家用電腦也可以模擬飛機飛行。

資本主義的自然現象

除了日本「失落的三十年」*，通貨膨脹一直被認為是資本主義經濟成長的必經之路。

受到新冠肺炎疫情影響，各國為了防止經濟衰退，祭出超低利率和擴張性財政政策，造成貨幣進一步貶值，為了度過這場危機，各國挹注龐大資金至市場，如果資金不能有效回收，

---

* 日本 1990 年泡沫經濟後，經濟始終不見成長，日經指數也未能超越 30 年前。

貨幣價值自然會下跌。資本主義渴望經濟不斷成長，將通貨膨脹視為一種必然結果，除了會帶來巨大衝擊的惡性通貨膨脹，一般來說，人們大多能接受因經濟成長帶來的通貨膨脹。

資本主義的發展也與生產力提高有關，期望能用相同價格買到更好的產品，當然也有因為壟斷而導致相反的情況，但如今世界宛如地球村，各國間的壁壘已被網際網路消弭，隨著國際貿易越來越活絡，生產力也急速提高。

人類本來就希望生產力能不斷提高，希望能生產更好的產品、提高營收，以及獲得更高的利潤，但如果壟斷市場，即使不付出較多成本也能獲取大量利潤。從這方面來看，嚴肅看待壟斷行為的美國，可以說是典型的資本主義國家。

欲提升生產力是資本主義特有的文化，對投資來說，也是非常重要的一點。

現今生產力提升的速度逐漸加快，日常生活中也融入了人工智能，隨著電腦演算速度的提升，科技進步的速度也不斷加快，因此更加無法預測未來。電影描繪的人工智能劇情，似乎就要成真了。

靠投資才有機會財務自由

投資最重要的核心是通貨膨脹與生產率提升，投資通常被

認為是在這兩個浪潮上划槳的旅程，了解通貨膨脹與生產率提升的原因，就能領悟投資的本質，並取得良好的投資成果。

投資很重要的一點，就是如何應對通貨膨脹和伴隨而來的貨幣貶值，以及如何在提高生產力的過程中，投資獲利。

過去十年，智慧型手機的普及，使生產率大幅提升，一台智慧型手機內建的功能，以往需要十多台設備才能滿足，因此，以個人而言，成本顯著降低許多。奇妙的是通貨膨脹也受到抑制。儘管利率很低，卻沒有發生通貨膨脹，各國反而較擔心發生通貨緊縮，一直想辦法因應低利率。

但這情況卻開始出現變化。由於生產力成長速度過快，使通貨膨脹來不及跟上，然而實施量化寬鬆政策後，貨幣價值產生了足夠的貶值空間。因此，未來如何在貨幣貶值和生產力提升兩個軸心上保護自己的資產，將會是一個重要的課題。

2020 年席捲全球的新冠肺炎疫情，促使各國的中央銀行和政府採用現代貨幣理論（Modern Monetary Theory, MMT）*制定政策，這也會加速貨幣貶值的速度。

未來不管普通上班族再怎麼努力工作，實際收入仍會逐漸減少。

---

* 一種宏觀的經濟理論，認為政府應該不斷地發行貨幣以刺激經濟，製造就業機會。

保護資產，需要一本投資金律

如何在生產力提高和貨幣貶值的情況下保護並增加資產，將會是生活中相當重要的課題。當我目睹 2020 年韓國發起的「東學螞蟻運動」*時，我意識到，現在急需一本投資指南，就算無法全面解析，重要的是，需要實際投資過的人分享經驗。

令人失望的是，市面上有許多投資理論的書，但卻缺乏擁有實戰經驗者的著作，實際投資中，「怎樣做才能不虧錢？」遠比「怎樣做才能賺錢？」更重要，遺憾的是這類主題的書並不多。

自 2008 年以來，投資人從美國市場獲得不錯的投資成果，但就韓國股市而言，亞洲金融風暴後，透過國際貨幣基金組織（International Monetary Fund, IMF）的援助，才使經濟好不容易復甦，帶動股市上揚，但投資人能在股市獲利的時間相當短暫，2000 年又經歷網路泡沫化。**

時隔二十年，2020 年的「東學螞蟻運動」不排除將再度帶動市場，在這個情形下，初次進入投資領域的投資人，非常需要一本投資指南，特別是在網路化的時代下，不似從前能輕易

---

* 指新冠肺炎疫情爆發後，南韓股票市場因外資拋售股票慘跌，此時大批散戶為抵制外資，大舉進場，使南韓股市得以止跌回穩。.

** 1997 年亞洲金融風暴，台股加權指數由 10,256 下跌至 5,422；2000 年網路泡沫，加權指數由 10,393 下跌至 3,411。

與他人交流，個人更需要能自學的工具。

　　本書即是一本投資金律，可以根據個人特性，選擇適合自己的投資方式。過去在金融市場上要找到正確的方向並不容易，雖然覺得自己還有不足的地方，但想到將會有許多投資新手踏入股市，便想分享經驗，幫助投資人建立健康的投資心態，不要走冤枉路，重蹈 2000 年網路泡沫後投資人的覆轍，讓韓國股市能成為實現投資人夢想的來源，於是便開始強迫自己寫作。

　　我誠摯地希望韓國資本市場能為努力工作的人帶來更多希望，為了讓更多人能輕易地進入投資領域，我嘗試編寫這本書，雖然文筆粗糙，內容也不夠充足，不過，書裡有我多次試誤累積的經驗，相信對於剛開始投資的後進能有一定的幫助。就像給剛開始投資的人提供了一張旅行地圖一樣，雖然路途可能會有點艱難，但不用害怕，一起邁向充滿活力和樂趣的投資之旅吧！

投資不是先攻擊，
而是先防禦

投資如同長途騎乘，需要耐心

你會騎自行車嗎？我想用騎自行車來說明投資。對於已經會騎的人來說，騎車是很簡單的事，但對初學者而言卻是相當困難。一開始需要有人從後面幫忙扶著，經過一段時間後，才能找到重心，不再搖搖晃晃，一旦找到平衡的重心，就能騎得很好。學會之後，不禁會問自己：「這麼簡單的事，為什麼之前做不到？」

投資如同騎自行車，看起來不難，但嘗試後會發現，其實找重心是相當困難的事。再來就是，學會後，騎車去鄰近的地方可能還算簡單，但想要騎車長途旅行時，又會遇到許多意想不到的難關。

投資也是如此。「新手的好運」會讓人感覺獲利是件容易的事，但投資的時間一長，就會碰到許多難題。

我愛好 200 公里到 1,200 公里的長途騎行，特別是有時間限制的 Randonneurs*。我覺得長途騎乘與投資有許多相似之處。

長途騎乘時，不論是 200 公里還是 1,200 公里，中間至少都會碰到一、兩次危機，有時是餓到沒力氣；有時是騎到膝蓋痛；有時睏得想睡覺或直接坐在地上，覺得自己再也騎不動

---

* 行程為 200 公里到 1,200 公里之間的限時自行車旅程，意義不在於競爭，而在於騎完全程。

了。如何度過途中會遇到許多難關，是完成旅程的關鍵。對初學者來說，長途騎行沒那麼容易適應。遇到難關時，經常會產生自我懷疑：

「為什麼我要離開舒適的家，跑到這裡來受苦？」

「就算騎完全程也沒有獎勵，現在又何必硬撐？」

「就算我現在放棄回家，也沒有人會說什麼，乾脆就在這裡放棄吧。」

「繼續騎可能會發生事故或意外，還是放棄好了。」

「前面的路太崎嶇了，繼續騎下去是有勇無謀的行為，不如停下來。」

「勉強自己繼續，可能會對身體造成傷害。」

腦海中不停出現許多勸自己放棄的理由，多數人都會在這個時候就放棄了。

但是有豐富騎行經驗的人都知道，只有克服困難、捱過艱難時刻，才能獲得成功。當然，這是在已有長時間訓練、體力也足夠的前提下，即使如此，仍會有遇到瓶頸的時候，但有經驗的運動員可以透過經驗調整心態，砥礪自己完成比賽：

「現在雖然感到很艱難，但如果克服了這個障礙，就一定能騎完全程！」

「不是只有我覺得累，這個區段對每個人來說都很困難。不要放棄，過了這一段就會漸入佳境！」

隨著經驗的累積，當遇到困難時，就能比初學者更容易度

過難關。從長途騎乘中我學到一件事，就是如果堅持不放棄，最終就會到達自己以為永遠到不了的目的地。這些長途騎乘的體悟，對投資有什麼幫助呢？

　　我因為喜歡投資而在證券公司上班過，但在過去的二十年裡，工作發生了很大的變化，主要是許多人已失去投資熱情，公司內部逐漸形成把投資當作禁忌的文化，許多人遭遇困難和瓶頸後，選擇放棄投資或是離開市場。

投資需要耐心

- 找到理想的股票前，必須要有耐心。
- 如果不是理想的股票，必須忍住不去買。
- 在自己的分析應驗之前，需要不斷等待。
- 獲利不可能在一、兩天內就達到 5 ～ 10 倍。這需要非常大的耐心，沒有經過長時間等待，就不會有收穫，只有堅持，才能取得令人雀躍的成果。
- 最強的毅力，是能夠持有現金並等待時機，這也是初學者最缺乏的能力。
- 一旦市場崩盤，要堅持到崩盤結束是無比困難的一件事。
- 即使虧損，也一定要相信忍耐過後就能恢復如常，雖然過程非常痛苦，但此時正是最需要耐心的時刻。

　　我從長途騎乘學到有關投資的關鍵就是「耐心」。為什麼要忍耐？過程雖然痛苦，但度過難關後，便能獲得快樂和成就感，不論是騎自行車或投資，這種感覺都是一樣的。如果你問投資最需要的是什麼？我會毫不猶豫地說是：「耐心」。

　　除此之外，投資時會遇到許多考驗耐心的情況，有投資經驗的人大多同意投資絕非一件容易的事。但與專業投資人或經理人相比，散戶投資時其實比較容易保持耐心，因為自己承擔績效，不用向其他人負責；專業經理人需要對其他人負責，內心難免會產生巨大壓力。因此，散戶更有利於鍛鍊耐心，但如果你不是一個很有耐心的人，應該慎重評估自己是否適合投資，認真思考自己應不應該繼續。

　　我從未看過任何一個沒有耐心的人能有卓越的績效。投資所需要的耐心不是只有兩、三次而已，至少要上百次，經過多次忍耐，就能逐漸習慣這樣的思考模式。在適應的過程中，逐漸養成投資人必備的好習慣，一旦習慣，就不會像初學者一樣覺得無法忍耐。正如經驗豐富的長途自行車手能輕易克服障礙，投資的經驗越多，越容易克服心理上各種障礙。

　　建立這些好習慣前，必須要記住一些投資金律。

與其急著賺錢，不如先想如何不賠錢

投資人流傳一句語：「股票不是賺錢的遊戲，而是努力不賠錢的遊戲。」只要想著不要賠錢，靠投資股票賺錢並不難。

有投資獲利經驗的投資人都會贊同這句話，雖然聽起來理所當然，實際上卻是包含許多訣竅的經驗談。

為什麼想著不要賠錢這麼重要，因為這是增加資產的關鍵和最快的方式。可能有些人無法明白，我會在本書中反覆強調。實際投資中，很多人是冒著破產的風險進行投資的，但是成功的投資絕非如此，這不是做好賠錢準備，就可以跳進來賺錢的遊戲，而是要努力尋找不賠錢的方向，慢慢前進的遊戲。準確地說，不賠錢的投資才能獲得遊戲的勝利。後文還會繼續強調投資的核心要點，因為如果不把重點烙印在腦海，很容易投資失敗。

隨著進入股票市場的時間不同，獲得的利潤也會有很大差異。所謂「初學者的運氣」，通常也是由入門的時機所決定，如果是在 2008 年雷曼兄弟危機，或是在 2019 年日本實施出口管制，以及 2020 年 3 月股市崩盤後進場，很容易投資獲利；相反地，如果是在 2000 年網路泡沫、2007 年牛市結束、2018 年 1 月韓國生技產業泡沫後進場，即使再怎麼努力也很難取得好成果。在市場狂熱時進場，十之八九會慘敗；在市場一片哀嚎時進場，則很有機會體驗「初學者的運氣」。

　　如果本書賣得很好的話，很可能就是市場好的時候，所以，如果你是在市場看漲時讀到這本書，投資時就必須更加謹慎。後文我會繼續解釋原因，但我強烈建議你把本書全部讀完後再開始投資。

　　因為初學者的運氣並不代表真正的投資實力，一般來說，在牛市中獲利的人，往往來不及建立風險管理的概念，就碰到市場大跌，因此慘賠。事實上，經歷幾次這種暴跌後，就會逐漸體悟「股票不是賺錢的遊戲，而是努力不賠錢的遊戲」這句話。

　　想要投資常勝，就必須建立不賠錢的投資態度，但這件事知易行難，通常人們經歷慘賠後，會從失敗中累積教訓，並一點一點地改變自己的投資態度，當然，也有人會選擇離開市場，或是發誓再也不踏入股市，和我一起討論投資的業界前輩中，如今還留在投資界的人已經不多了。就算曾經在金融業界工作，如果不思考、反省、學習和體驗，仍然很難了解市場，也無法學到投資相關的知識，我認識一位曾在證券公司上班的客戶，他對市場的無知令我感到非常震驚。

　　要避免虧損，就需要充分的風險管理，然而，人類是很奇怪的生物，取得幾次成功後，就誤以為自己做得很好，這是人類不可避免的認知偏誤，但其實這也是一個機會，因為如果每個人都要等待完美的時機，就不會產生這麼多投資的機會，這也意味著投資機會的大門是敞開的。

從理論來看，投資的成功之道再明白不過，就是在人們恐慌的時候進場，歡呼的時候退場，然而，實際投資體驗到恐懼和喜悅時，情況就完全不同了，這就跟在電視上看運動比賽和實際下場參賽的差別一樣。

看職棒比賽時，常有人會批評打者連時速 120 公里的球都打不到，但你曾在比賽現場的打擊區裡看過時速 120 公里的球嗎？職棒投手的滑球幾乎都有這個速度，任何打過棒球的人都知道，當球以這樣的速度朝著打者襲來，在打擊區的人根本無法文風不動，光忍著不躲都很困難了；如果球速 130 公里又會怎樣？恐怕根本就不想站在打擊區裡，腦海中只會有「如果被球擊中會不會被打死？」的恐懼，實際參加過棒球比賽的人一定都同意這種說法。有些人稱低於時數 100 公里的球為小便球（Eperso Ball），然而在實戰中，即使球速在 100 公里以下，站在打擊區的打擊者依然會感受到很大的壓力。

理論和實務有天壤之別，尤其是在投資領域，如果差距沒有這麼大，也就不會有這麼多人放棄投資了。總而言之，投資沒有那麼簡單。

但就算投資很困難，我們也不能完全放棄，因為往後的生活會更艱難。未來工作極有可能被 AI 人工智能完全取代，汽車自動駕駛的世界已經到來，工業自動化將會比現今更加蓬勃，這是非常自然的現象，因為電費變得更加便宜。事實上，

無論多麼努力地深度學習（Deep Learning）*，想出類拔萃仍是不容易的事，因為人類是有生理週期的有機體，必須透過飲食和睡眠來補充能量，保持活力，但是機器的特點是可以 24 小時不間斷地工作，只要持續供應電力就可以了。機器不會感到無聊，因為機器不具創意力，這部分機器的確很難比得上人類。

　　孩童能輕易分辨狗和貓，知道狗和貓屬於不同物種，AI 卻需要花費大量的時間和精力才能區分，然而，AI 具備不需要休息的特性，讓 AI 能持續進步，最終，除了需要獨特創造力的領域，其他領域都可能被機器取代，而且這樣的世界也許馬上就會到來。隨著新時代的發展，將會創造出新的工作需求，就像 200 年前的工業革命，造成許多工作被取代，因而發生盧德運動**，在我們有生之年很有可能會見到工作急劇減少的情況，一旦發生，投資更顯重要，因為投資是能有效提升資產的方式之一，如果現在忽略或不重視投資，未來可能就很難有好日子過。

　　讀到這裡，應該會有不少人感到憂心，但也不用太過擔心，我不是要製造恐懼訴求，本書是一本幫你投資獲利的金

---

*　又稱深度神經學習（Deep neural learning）或深度神經網絡（Deep neural network），是人工智能學習的一個分支。將數據經由多個處理層中的轉換，自動抽取出足以代表資料特性的特徵。

**　1811 年至 1817 年，發生在英格蘭中部和北部紡織工業區的破壞運動。名稱由來是因為此運動的發起人是一位名叫盧德的人，由他有系統地將人民組織起來。

律，盡力減少你在現實世界中遭遇慘痛經驗的可能。作為一本投資金律，本書會引導你思考如何面對投資時的恐懼心理，並分享未來投資時可能會面臨的風險，以及如何做好風險管理。

管控風險是避免虧損的最佳方法

首先，想想看該如何應對巨大的風險。投資時會面臨各式各樣的風險，小風險其實可以直接忽略，但面對巨大風險，就要好好應對，才能提高獲利機會。接下來我會以騎自行車得到的經驗來探討如何管理風險。

騎自行車時會發生很多狀況，騎在河堤邊的自行車道時，有時會有小孩子或汽車會突然切進車道；有時路上有許多坑洞；有時地上布滿沙子，如果能提升騎車技術，就能更輕鬆地避開這些危險，豐富的騎行經驗，也可以幫助騎行者了解路況並做出反應，並感知身旁騎行者的距離和周圍地形的變化，如此一來，就能降低事故發生的風險。投資也是一樣道理。隨著實力提升，躲避風險的能力也會增加，不過一時大意還是有可能引發事故。此外，有時確實會發生難以避免的危險，像是400 公里以上的長途騎行比賽中，難免會有夜間騎行的情況，常會到午夜都還無法結束當天預定行程，此時山間道路上經常會有糜鹿或野豬突然出現。

2016 年，我參加了韓國白頭大干山至智異山的 450 公里騎行比賽，剩下最後 100 公里時騎進了山麓地區。白天時體感溫度超過攝氏 40 度，身體早已疲憊不堪，當體力下降，判斷力也跟著失準，但為了在限定時間內抵達目的地，沒有時間多做休息。

我必須以時速 15 公里以上騎行，但在越過幾十座山坡後，不僅速度下降，身體也因為中暑而精疲力竭，雖然身體非常疲累，但唯有保持速度，才能在時間內完成比賽，於是我決定徹夜騎行。進入智異山前的最後一座山丘，我以極快的速度順著平緩的下坡滑行，瞬間忽然一頭大麋鹿出現在我眼前，當時根本來不及剎車，我和麋鹿迎頭撞上，翻滾在道路上。

我自認很擅長下坡路線，雖然上坡時騎得很慢，但下坡時總是騎得比別人快，即使周遭有許多人發生過事故，但因為自己從來沒遇上意外，因此對自己的快速下坡技巧感到自豪。但就在這一瞬間，一隻麋鹿意外地出現在我眼前，我卻無法避開，投資也經常會發生這種事，代表性的例子就是 2020 年爆發的新冠肺炎疫情。

新冠肺炎疫情剛開始在中國武漢爆發時，多數人只覺得中國人因為喜歡吃野生動物，才會發生疫情，並沒有重視疫情的嚴重性。此外，因為過去曾經歷過香港非典型肺炎（SARS）和中東呼吸症候群（MERS），且都成功控制住疫情，所以直到 2020 年一月底，沒有人預測到武漢地區的疫情會成為全球

性的災難。當初我也是這麼想的，認為這只是一種非常嚴重的流感而已。

然而，隨著疫情越來越嚴重，逐漸演變成史無前例的災難後，所有的一切都停擺，彷彿是一場沒有槍響和流血的戰爭！歷史上才會出現的「大流行」竟然真實發生，一切都停止了，金融市場也是一片混亂，準確來說，因為市場急著因應，反而顯得混亂，尤其當我看到美國聯邦準備理事會（Federal reserve board, Fed）提早採取調降利率的措施時，我還心想：「為什麼要採取這樣的措施？有必要這樣做嗎？」認為美國是在小題大作，當美國採取行動時，我的第一個想法是：「金融市場有那麼糟嗎？竟採取這麼瘋狂的措施來重振市場，是不是有點太誇張了？」然而，實際情況卻更為慘烈，就像海嘯一般席捲全球，實體經濟徹底崩潰，美國失業人口從 28 萬人增加到 328 萬人，接下來達到 670 萬人，最後超過了 2,000 萬人。

這是難以想像的數字，甚至有人預測美國失業率將超過 20%，人們根本不敢置信。危機的早期，被拿來跟 1987 年的黑色星期一和 2008 年的雷曼兄弟次貸危機比較，最後被形容為二戰以來最糟糕的經濟情況，或許，如果我們能乘著時光機前往未來，再回顧現在的情況，會發現我們正處於一項特殊和重大的事件中，只是隨著時間流逝，記憶會逐漸消退，最終成為歷史。

雖然流行病本來就會對人類歷史產生重大的影響，但在擁

有先進文明和醫療技術的現代社會，竟然還會發生這種危機，令人感覺非常荒謬，這跟 2008 年金融市場遭遇百年來最大蕭條所帶來的衝擊差不多，也是金融史上市場崩潰最快的一次。

市場出現典型的黑天鵝（Black Swan）*，我看到周圍許多投資高手低著頭、雙膝跪倒在地，短短一個月內，數百億韓元全數蒸發，因清倉導致帳戶歸零，彷彿世界就要毀滅了一般。

誰會是這場危機的倖存者？雖然人數不多，但仍有人及時察覺到危機，迅速撤離；也有人原本就與市場保持距離，因此得以全身而退，換句話說，除了保留現金或及時出場，其他人皆造成嚴重的損失，受到毀滅性打擊，面對這樣的局面，我也很難做出正確的反應，創下有史以來損失最慘的紀錄，還好我很少進行信用交易，所以儘管損失慘重，在之後市場復甦發生 V 型反彈下，也不致太慘烈。當時我的「複盤記錄」，也創下了短時間書寫最多的紀錄，我寫下了對於自己先前未能妥善處理，產生的遺憾和感嘆，以及這段時間的心情跟自己從錯誤中學到的教訓。

面臨意料之外的情況，即所謂的黑天鵝和灰犀牛（Gray Rhino）** 情況時，避免虧損的最佳方法是什麼？

---

* 美國作家納西姆‧尼可拉斯‧塔雷伯（Nassim Nicholas Taleb）所提出的概念。指看似極不可能發生的重大事件。

** 2013 年 1 月，美國作家米歇爾‧渥克（Michele Wucher）在瑞士達沃斯舉行的世界經濟論壇上提到的概念。指顯而易見卻被忽視的重大危機。

像我一樣喜歡長途騎乘的人，經常會聽到周邊的人發生事故的消息，最常聽到的就是騎行時摔倒，最嚴重的是與汽車或動物相撞，但通常在晚上才會撞上動物，從來沒有聽說過白天發生相撞事故。白天能見度很好，即使有貓或其他動物出現，也能夠提前避開，而且動物也不太會在白天出沒；夜晚能見度不佳且有許多動物出沒，是造成事故的原因之一，另一個主要原因是在下坡路段高速行駛，從未聽過在上坡路段發生碰撞。這兩項原因也是投資需要注意的要點。

首先，夜晚的情況可以形容為「不確定性」。金融市場中，經常會出現見樹不見林，或是無法預期未來發展的情形，在充滿不確定性的情況下，必須提高警覺，直到眼前的道路變清晰前，最好放慢腳步，做好隨時踩煞車的準備。

怎麼做才能克服夜晚視線不良，發生事故的機率？當車上掛著明亮的前照燈，且身體狀況良好，或者路上有足夠的路燈且沒有汽車時，還是可以照原速騎行，套用在投資上，就是要檢查目前的投資情況是否具備這樣的條件，以及自己是否有足夠的經驗和準備。

雖然可以穿戴好安全裝備，在做好準備的情況下繼續騎行，但卻無法防止麋鹿意外出現，要怎麼做才能避免與麋鹿相撞呢？

與動物發生衝撞的原因在於速度，尤其是在騎行下坡路段時，車速越高風險就越大，因為速度一旦增加，控制車子的難

度也會增加，一般所說的「意外」就是物理運動的突然變化，以時速 50 公里行駛時，很難突然停止變成時速 0 公里。上坡路段因為只能慢慢騎，所以幾乎不可能發生事故，相較之下，事故多發生在容易高速行駛的下坡路段。

如果要避免事故，就必須遵守物理定律，換句話說，就是必須把速度放慢。如果套用在投資上，要如何減慢投資速度呢？答案就是停下來，也就是保留現金。持有現金，不會發生任何損失；相反地，使用信用和貸款進行投資，如同加快投資速度，一旦出現麋鹿這種黑天鵝，就會發生重大損失。

槓桿如同高速疾駛，容易失去控制

有句話說：「使用槓桿就像在跑車的方向盤上插一把刀。」雖然可以跑得比別人快，但是當你緊急煞車時，刀子有可能會刺進胸膛。

事實上，新冠肺炎疫情危機中遭受毀滅性打擊的人，正是進行信用交易最多的人，如果你沒有進行任何信用交易，只要靜待危機過去，或是離開市場幾個月，之後還能若無其事地返回市場，但是，在使用信用交易的情況下，當市場崩盤時，若無法撐過融資追繳令（Margin call），就可能會破產。

即便是投資高手，在這種情況下也會陷入困境，很難找到

全身而退的人，因為是在完全沒有預料的情況下遭遇危險，因此很難避開，連世界級的投資人瑞·達利歐（Ray Dalio）和股神華倫·巴菲特（Warren Buffett），這麼偉大的投資專家在這段期間也經歷了資產大幅下跌。隨著時間流逝，市場已經恢復，危機前持有大量現金的人，可以用低廉的價格購買標的，在市場反彈後的幾天或幾個月內獲得豐厚的報酬。除非是特殊的情況，不然使用槓桿時必須相當小心，投資人如果能牢記這點，就能做出更好的投資決策。

有一種看似緩慢實則快速的方法，取決於如何持有現金。前文提過，持有現金的人是市場崩盤時的最大受益者，有機會在短期內獲得極高的回報，從這方面來說，現金代表著機會。

雖然持有現金看似無法快速增加資產，但從以下兩方面來看其實不然。首先，持有現金可以更客觀地看待下跌的市場，因為處於隨時可以買進的狀態，換句話說，如果把所有錢都拿去投資，一旦碰到市場崩盤，財產就有可能全部賠光，但是如果保有現金，崩盤也等於是買進的時機點，有助在市場一片恐慌中保持冷靜。

再者，當市場出現拋售，投資人有機會用期盼已久的低價買入股票。觀察近幾年的股市，像這樣的恐慌每年都會發生一、兩次，此時，持有現金的人可以用更便宜的價格購入標的。

想投資獲利，就必須將現金換成能賺錢的資產。現金本身除了利息，不會產生任何額外收入，但用現金購買資產，當該

資產的價格上漲，就能賺取利潤；相反地，當價格下跌時，也會造成損失。這就是為什麼有人為了獲得豐厚報酬，會投入更多現金進行投資的原因。

想要賺更多利潤的時候，就會投入更多錢，正如韓國電影《老千》裡的賭徒所說：「我賭上所有的錢和我的手。」因為貪婪驅使，人們常投入所有身家，想藉此賺取高額利潤，妄想快速致富是一種貪婪的欲望，而為了獲得高報酬，於是使用高槓桿的信用交易。

電影中，如果賭輸了，就會失去一隻手，就像騎車時發生重大事故一樣，投資也是一樣，使用信用交易會讓速度變快，然而，即使不坐特快車，也有方法可以快速到達目的地。

汽車雖然看起來比火車慢，但仍有跑得比火車更快的方法，那就是不停地行駛。舉例來說，凌晨交通離峰時間，汽車到達目的地的速度比火車快得多，但換成是在尖峰時間，汽車卻趕不上火車，因為需要一直停紅綠燈，而火車只須在固定車站停靠，高速列車停靠的車站更少，這就是火車能快速到達目的地的原因。投資也是如此，每次遭受損失時，資產的成長率都會顯著下降，相反地，即使走得很慢，但如果資產一路上都沒有受到損失，依然能很快達到目標，雖然速度也很重要，但在投資過程中，持續穩定的前進更重要。

跑得快並不是投資唯一重要的事情，能不停奔跑才是快速取得成功的祕訣，後文我會再詳述。接下來，我想分享有關現

實中使用信用槓桿時發生的故事。

信用槓桿的泥沼

投資時總有人會想抄捷徑。第一次投資時大家的想法都一樣：「我想賺錢，如果可以的話希望賺得越多越好。」

但是，根據過去投資的結果來看，很多情況下沒有虧損或者虧損較少的人，累積起來的成果往往更好，儘管如此，我還是目睹許多人，因為想要賺更多，最後反而造成極大的虧損。以下試著分析這種心態。

首先，有些投資方式雖然看起來像通往財富的高速公路，能快速賺到錢，事實上，如果能順利地在這條高速公路上疾駛，的確能快速獲利，信用交易和借貸交易就是屬於這類。前文曾多次提及，不論是新手投資人或投資高手，都有可能因為意料之外的情況產生重大虧損。

為什麼還有人要冒險進行信用交易和借貸交易，以及為什麼這樣做會很危險？

舉例來說，如果用自己的 1,000 萬元賺取 10％的利潤，將賺到 100 萬元，如果另外借入 1,000 萬元並且獲得 10％的利潤，總共能獲得 200 萬元，用本金 1,000 萬元就能賺到 200 萬元，同樣努力卻能賺取 20％，這是多好的賺錢捷徑。出於這個

原因，很多人輕易地就使用信用交易。

　　然而，人們常常忽略了事件的反面，尤其牛市的時間越長，這種情況就越糟。以 1,000 萬元為例，如果不是賺到 10% 的利潤，而是虧損 10%，也就是虧了 100 萬元，本金就變成 900 萬元，如果增加 1,000 萬元信用借款，並虧損了 10%，就等於損失 200 萬元的本金。本金就只剩下 800 萬元。

　　這是很簡單的例子，但為什麼許多人了解這些後仍要進行信用交易？第一，想要快速賺錢；第二，相信自己握有控制權；第三，有過成功的經驗。接下來說明為什麼這對投資來說是不利的。

想要快速賺錢

　　快速賺錢的欲望通常會讓人「操之過急」，這也是投資最大的惡習之一，這種欲望會使人在價格暴漲前賣出、拋售手中獲利的股票，或可能會飆漲的股票。投資是一種心理遊戲，但抱持這樣的心態投資，就像與不同重量級別的人比賽拳擊一樣。次中量級（70 ～ 77 公斤）拳擊手對抗中量級（77 ～ 84 公斤）拳擊手，想要獲勝已經非常困難，蠅量級（57 公斤以下）拳擊手更不可能打贏中量級拳擊手。當我們在投資上操之過急時，心理層面就已經輸了，即便像我這樣已經做足心理建設的人，想要取得優勢都不是一件容易的事，更別說缺乏投資

經驗的新手。

在心理層面已經輸了的情況下，不論分析多精準，再小的波動都會在心裡引發巨大的衝擊，如果風險增加三到四倍，這時理性會開始嘗試合理化自己的恐懼，無法做出正確的決策。這種心態都是源於「操之過急」。

相信自己握有控制權

想要投資獲利必須客觀且適時地否定自己。投資最重要的心理法則之一就是「自我否定」，只有當我們意識到自己是會犯錯、不完美，以及有可能分析錯誤的人，我們才能在市場中保持客觀。基本上，人都會有自利偏誤，習慣寬以待己，雖然善待自己是一種自我保護的本能，但投資的困難點之一，就是要適時打破這種自我保護的本能。這需要透過他人的角度來分析自己所處的狀況，但是當我們覺得自己握有控制權時，就會無法客觀地進行判斷。如果連自己目前狀況都搞不清楚，又如何能做出正確的判斷呢？好比試圖用一把沒有調好準心的槍擊中目標一樣，是絕對不可能的事。

有過成功的經驗

怎麼樣才算是成功的經驗？其實說起來很複雜。我想問問

這些人：「是否曾準確預測過災難性崩盤的時間？是否認為災難是可以預測的？」這個問題不是針對投資新手的，而是針對曾有過信用交易的成功經驗，並有一定投資成果的人。你真的能精準預測嗎？如果是的話，我想問明年的股市會怎樣？雖然在投資世界中，過去的經驗的確有助未來的成功，但這並非不變的真理，新冠肺炎疫情的衝擊證實了這一點，僅僅一次突發性事件，就能使過去 10 年的努力全部付諸流水。接連三次、四次的成功，無法帶來第五次成功，常常就是因為使用了槓桿，那麼，隨著股市上漲而降低槓桿比例，是不是正確的？

人在失去時所感受到的痛苦是快樂時的三倍，當我們使用槓桿操作時，因為害怕虧損，心理就像與三個敵人同時作戰，為了克服這種心理，因此提出了「價值投資」與「安全邊際」，藉由投資看似不會再下跌的股票，降低損失帶來痛苦的機率，並成功獲利的投資方法。

時間也是一項重要關鍵。對於散戶來說，最強大的武器就是時間，但是信貸使得這項武器難以發揮，不論投資的公司再怎麼好，仍可能會有出錯的時候，如果只是剛好遇到時機不佳，市場意外下跌，可以慢慢等待股市再次復甦。散戶如果充分利用時間優勢，慢慢累積的話，一定可以獲得不錯的成果，但 ETF 和反向 ETF 不包括在內。

信用交易減弱了散戶的優勢，把時間變成了敵人。首先，貸款的利息不斷侵蝕每年的投資報酬率，等待的時間越長，成

本就越高，在時間上變成絕對劣勢。其次，隨著維持率下降，會被要求追繳資金，發生這種情形時，心理上會飽受更大的壓力，總而言之，信用交易讓散戶投資變得極為不利。

這不就像是一個背著背包站在起跑線上的短跑選手嗎？

尤其過去幾年，許多投資人因信用交易虧損離開了市場，這是因為韓國股市不像美國股市那樣穩定上漲，而是不定期且頻繁地出現大幅下跌，每年至少都會發生兩次崩盤，即使是利用信用交易賺了很多錢的專業投資人，如果在下跌的趨勢中犯一個小錯誤，也會損失慘重。接下來看看信用交易的實際使用情況。

如果你有 1 億元，再借 1 億元，並且獲得了 50％的利潤，也就是本金 2 億元，獲利 1 億元，報酬率為 100％。正是這種邏輯讓人想使用信貸，如果將以上 3 億元繼續投資，卻突然遭遇像新冠肺炎疫情般的衝擊，不幸虧損 50％，3 億元一下變成了 1.5 億元，發生這種情形，證券公司就會要求迅速還清這筆錢，如果還了 1 億元，就只剩下 5,000 萬元。雖然獲利與虧損都是 50％，但虧損 50％時，3 億元本金卻減少了一半，這就是信用交易驚人的祕密。

損失的複利化！這是我在幫別人諮詢、給別人投資建議時見過的情況，信用交易使虧損產生了槓桿效應。

我想跟閱讀本書的投資新手訂下約定：「絕對不要使用信用交易投資。」

獲利 50%時

本金 1 億元 + 貸款 1 億元 = 2 億元

報酬率 50％ = 獲利 1 億元

投資報酬率 100%

總和 3 億元（含貸款）

虧損 50%時

本金 1 億元 + 貸款 1 億元 = 2 億元

報酬率 -50％ = 損失 1 億

投資報酬率 -100%

總和 0 元（繳回貸款）

獲利 50%後，再虧損 50%時

獲利 50%後，餘額為 3 億元（含貸款）

報酬率 -50％ = 損失 1.5 億

餘額 1.5 億

本金 0.5 億（繳回貸款）

　　不過，我們能利用清倉時進行投資。如果聰明利用這個方式，的確能賺取巨額利潤且失敗率較低，能獲得良好的成果。

　　清倉是指證券公司以股票為質押借出資金，當股價下跌，維持率下降至一定比率時，證券公司便會發出融資追繳令，要求投資人補足資金，以保持維持率，如果投資人無法補足金

額，證券公司便會無條件將質押股票拋售，回收資金。

發出融資追繳令是很嚴重的情況。如果沒有融資，股價下跌時，通常會先觀望、分析，確定公司財務狀況良好，前景也看好時，就不急著認賠賣出，因為度過下跌週期後，股價還是能恢復原來的水準，甚至帶來收益。

一般來說，買進一檔股票，通常都是因為看好那家公司的未來發展，因此，當市場崩盤和發出融資追繳令時，人們通常不會立刻認賠拋售，而是會動用其他財產來保有股票，換句話說，會投入可動用的現金來避免接到融資追繳令，如果崩盤比預期更嚴重或進一步下跌，有的人會透過變賣其他資產來阻止融資追繳令。

接到融資追繳令時，比起賣出股票，多數人會選擇想辦法湊錢避免被券商催繳，因此，真正收到融資追繳令，通常是用盡辦法都無法追加保證金，而且信用已經耗盡才會發生。

最終，當融資追繳令大規模出現，市場就極有可能跌到谷底，如果連續發生兩、三次融資追繳令，那幾乎可以肯定會觸底。收到第一次融資追繳令後，如果股價持續下跌、維持率再度降低，會接著收到第二、三次融資追繳令，使財產歸零，甚至變成負數，這種情況通常並非市場一般性的下跌，而是在市場大規模崩盤時發生，除了少數例外情況，經過一連串的清倉後，一般來說市場都會觸底反彈。

事實上，有些投資專家會等待清倉時進行投資。即使只在

這種情況下投資，依舊可以獲得極高報酬率，也算是一種實用的投資方法。不過本書寫作的目的並不是在教你利用這樣的機會，而是做好準備，避免這種情況發生。如果常把別人大失血和慘痛的情況當作機會，很可能會產生扭曲的價值觀，因為生活在團體社會中，最重要的美德之一就是同理心，缺乏同理心的人通常不受歡迎，避而遠之。

以逆向思考進行投資並獲得良好結果，雖然並沒有錯，但若無法感受到他人痛苦、產生同理心，最終也可能因價值觀過度扭曲，產生精神障礙，在社會中無法立足。要成為優秀投資人，但不要把自己逼瘋，與其利用融資追繳令獲利，更好的方式是，別讓自己有機會收到融資追繳令。

由於投資現場已經發生過太多慘痛的經驗，本章所討論有關信用的風險，將在下一章中繼續討論。透過了解現金，也可以降低信用交易造成的風險，華倫‧巴菲特是善於利用現金抓住機會的大師之一。在下一節中，我將分享華倫‧巴菲特是如何取得如今的成就。

現金不是一種選擇而是必需品

前文曾提到現金的重要性，以及「不賠錢」是提高投資成效的最佳捷徑。投資人幾乎都知道現金的重要性，但問題是很

多人並沒有深刻體悟到這一點，如果能透過本書深刻理解持有現金的重要，那就物超所值了。

華倫‧巴菲特的祖父歐內斯特‧巴菲特（Erenst Buffett）曾強調現金的重要性，當我閱讀他寫給自己孩子們的信時，才理解為什麼波克夏‧海瑟威公司會持有那麼多的現金，能在市場崩盤時收購拍賣的公司。

在投資的世界裡，崩盤或大崩盤不定期且持續地發生，由於貨幣發行量增加，預計這種波動不會停止；相反地，反而會更頻繁且更嚴重地發生。前文提到新冠肺炎疫情導致市場暴跌，在此之前，2019 年 8 月也曾因為日本的出口限制，導致市場崩盤，韓國資本市場在 2018 年 10 月和 2018 年 12 月，因為美中貿易戰和提高利率，每年呈現下跌趨勢。這種趨勢並不是最近才出現的，資本主義的特徵就是泡沫和恐慌的循環，經濟學家馬克思就強烈批評過資本主義。

回到正題，以下引用華倫‧巴菲特祖父寫給孩子們的一封信，他曾經歷過被認為是百年來最大危機的 1929 年經濟大蕭條，也有人說那是資本主義史上最大的恐慌。雖然信中反映了經歷經濟大蕭條後的心理狀態，但對投資人來說仍深具意義。

多年來，很多人之所以陷入經濟困境，都是因為身邊沒有準備足夠的現金，以致於遭遇困難時，不得不變賣資產，才有足夠的錢能度過難關。

　　所以你的祖父身邊都一定會留有一筆現金，當有需要時，就能拿來支應。

　　我也同樣認為身邊保有一定的現金很重要，當遭遇困境，急需現金的時候，有一筆錢在身邊，不用變賣資產，就能安然度過難關。

　　我覺得每個人手邊都應該保留一定的現金，雖然希望不會用到，但當不得已需要用錢時，可以拿來急用。也因此，我在你們結婚時，準備了一筆 200 美元的預備金，放入寫上你們名字的信封裡，每年，我都會再存錢進去。自從你們結婚以來，這筆預備金也算是存完了，如今已經累積有 1,000 美元了。

　　我希望你們能把這個信封放在保險箱中，以備不時之需，當遭遇困難時，可以動用這筆現金，動用越少越好，且需要盡快將金額補足。

　　你可能覺得，如果把這筆錢拿去投資，也許能帶來更多的收益，但我希望你最好不要有這個想法。手邊有一筆 1,000 美元的預備金，這種安心感遠超越銀行利息的價值，特別是你投資到無法立刻變現的標的時，感覺會更加明顯。

　　以後，如果認為這種方式很好的話，你也可以為你的孩子這麼做。

　　巴菲特家族的人，即使無法讓孩子繼承巨額財富，卻也從來不會花光所有錢，總會存下一些，讓後人不致匱乏。

這封信寫於你結婚十週年紀念日。

—《華倫‧巴菲特談生意》

（*Warren Buffett on Business*）

這封信是 1939 年華倫‧巴菲特的祖父寄給他最小的兒子，也就是華倫‧巴菲特的叔叔弗雷德‧巴菲特（Fred Buffett）。閱讀完這封信後，更加深了我對華倫‧巴菲特的理解，以及他如何管理資產。此外，也產生「要為孩子留下家書和應急基金」的想法。

信中第一段：「多年來，很多人之所以陷入經濟困境，都是因為身邊沒有準備足夠的現金，以致於遭遇困難時，不得不變賣資產，才有足夠的錢能度過難關。」讀到這裡，我的腦海裡浮現了無數個真實的例子。

如果要問韓國證券業的巔峰時期是什麼時候？我會毫不猶豫地說是 1998 年到 2000 年這段期間，當時網路交易還沒有完全成熟，很多訂單都是靠線下完成，當大規模的交易量暴增時，證券公司的經理人就能獲得巨額交易手續費。當時還吹起了「搶進韓股」（BUY KOREA）的熱潮，推出「BUY KOREA」基金的證券公司員工，有很多人當時的年薪都有上億韓元，約等於當時江南的一棟房價，可見薪水有多高。

市場變幻莫測，此後經歷泡沫化，股票經理人的輝煌時代也告一段落，一去不復返，當時閉著眼睛投資都能獲利的市

場，不會再輕易出現，不過世事難料，也許未來還有可能再度
發生，然而，隨著金融市場的分析工具和系統不斷進步，未來
應該不會再有人詢問：「數碼朝鮮造的船好？還是大宇造船造
的船好？」*儘管如此，市場泡沫會再出現，但經理人賺取巨額
手續費的時代已不會再有。2020 年，「網路化」時代來臨，個
人可以直接投資，不用再透過經理人。

　　正如期貨交易記錄顯示，1999 年至 2000 年是證券公司業
務的高峰期，此後，投資逐漸從線下轉到了線上，現今線上交
易十分活躍，韓國股市幾乎已經沒有線下交易。

　　隨著線上交易逐漸成為主流，交易手續費也大幅下降，
證券公司的利潤結構也產生明顯變化，交易手續費不再是
主要收入來源，取而代之的是什麼呢？近年來，投資銀行
（Investment Banking）部門收入成長，明顯優於零售業務部
門，零售業務的主要業務，是向投資人提供信貸服務，如同上
一節所說，因為太多人使用信用交易，因此時常發生慘賠的
事件。

　　這裡我要講一句比較嚴重的話：「使用信用交易，帳戶早
晚會歸零。」

　　因為我看過太多次相同的情況，因此，我都會建議客戶盡

---

* 譯註：數碼朝鮮是韓國的一家上市公司，主要業務是朝鮮日報的網路數位新
　聞。韓語中「朝鮮」跟「造船」的單字相同，這裡是指因對市場不熟悉，誤
　以為「數碼朝鮮」是造船公司。

量避免使用信用交易，儘管如此，還是有人會使用信用交易，正如前文提過，就像在跑車的方向盤上插著一把刀開車，當市場呈上漲趨勢時，利用信用交易，資產在短時間內能快速增加，當偶爾出現崩盤的情況時，資產就會瞬間消失。

我已經看過太多次失去資產後落寞與悲痛，因此希望你能記住，信用交易和槓桿交易是投資失敗的最短捷徑（當然，我不否認有很多人賭上自己的人生，在大崩盤時進場而成為富豪，但本書是給投資初學者的建議，因此並不建議使用）。

正如華倫・巴菲特的祖父在信中所說，我見過無數人因為缺乏現金，在被追繳保證金時飽受各種痛苦，因為沒有足夠的錢追加保證金，只好將手中持有的優質股票廉價拋售。

既然融資追繳令如此嚴重，為什麼還有這麼多人犯錯？因為他們被想快速賺錢的欲望所蒙蔽。

有一句眾所周知的諺語：「牛能賺錢，熊也能賺錢，但豬卻會被宰」*，這句話非常正確，說明了在投資領域中，貪婪是很危險的一件事。

我們可以引用《聖經》的經文來比喻：「私欲既懷了胎，就生出罪來；罪既長成，就生出死來。」一定要記住「貪婪會造成損失，貪欲遲早會使你離開市場。」希望將此銘記在心，

---

* 牛，指牛市，多頭市場。熊，指熊市，空頭市場。豬，指貪婪。這句話的含意是指過度貪婪遲早要付出代價。

永遠不要忘記。

有關華倫‧巴菲特祖父的故事，我想再強調另一段：「你可能覺得，如果把這筆錢拿去投資，也許能帶來更多的收益，但我希望你最好不要有這個想法。手邊有一筆 1,000 美元的預備金，這種安心感遠超越銀行利息的價值，特別是你投資到無法立刻變現的標的時，感覺會更加明顯。」

當時的 1,000 美元，差不多是現在的 10 萬美元，如果把這筆不小的數目放在保險箱裡，你會有什麼感覺？難道不會覺得很可惜嗎？但華倫‧巴菲特的祖父說，他從保存的現金中，賺到的比利息還要多，華倫‧巴菲特也證明了這一點。華倫‧巴菲特祖父所說的是「安心」，也是投資人需要牢記的一點，投資時，最重要的是能夠安心。

「安心」之所以重要，是因為當人在心理焦急、走投無路時，判斷力就會變得非常差，要對未來做出適當的判斷，是相當困難的一件事。避免損失的本能和損失所感受到的衝擊非常大，所以需要透過現金讓「心理安定」，華倫‧巴菲特的祖父想強調的就是這點。

或許正是因為經歷了 1929 年的大蕭條和市場眾多起伏，使他擁有了敏銳的直覺，這在投資領域是非常重要的特質。要記住現金不僅帶來心理上的「安心」，對於保持心理平衡也相當重要。

事實上，在 2020 年 3 月崩盤期間，市場上一些頂級高手

用手中的現金參與了清倉大拍賣，就像用網子從池子裡撈魚一樣。如果帳戶裡的餘額一直變少，根本不可能做出適當的投資抉擇，市場已經這麼悲觀了，連帳戶裡的餘額都損失嚴重的話，很難不陷入悲觀的情緒，因為這是人的本能反應。

即使努力不被市場擊潰，經歷到的打擊也會影響人們的理性。但此時，若帳戶有一定的金額，就會有不同的看法，雖然標的正在虧損，但同時也會思考如何用這筆錢來撿便宜。陷入下跌恐慌的過程中，現金就是拯救心靈的救星，現實中，現金的確能發揮防波堤的作用，讓人在尋找機會的同時，能長時間保持心理平靜，因此，我把現金比喻為「讓心理穩定的堡壘」。從這方面看，雖然現金是一種機會成本，但重要的是現金本身也是一個「機會」。

投資報酬率最高的時期，是在大崩盤後，幾乎無一例外，能夠抓住這個機會的人，是在崩盤期間還有錢買得起的人。崩盤後短時間內飆升的報酬率非常高。崩盤後的這段黃金時期，能在短短幾個月或幾天內，獲得數年份的收益，只有擁有現金的人能抓住機會，我想再次強調，能在心理安定、不動搖的情況下抓住機會，得到的回報會比付出的機會成本大得多，這是現金帶來的，也是高手該擁有的能力。

在下一節中，我想談談實現這個成就所需的基本特質──耐心。沒有耐心就不會有現金，沒有現金就不會有獲利。

忍耐不是忽視，而是面對好球能忍住不揮棒

雖然耐心在投資中很重要，但這裡說的耐心是指哪方面？

一般投資人經常會說：「無可奈何下，只好進行長期投資。」也就是被套牢。如果不認賠，改為長期持有，最後終於成功解套，這樣能算有耐心嗎？當然，這的確需要很大的耐心，這段期間如果市場持續大幅下跌，那就需要更多的耐心。然而，這種態度與其說是「耐心」，反而更像「忽視」，正確來說，會續抱是因為人的「避險本能」，這點後文會再詳述。投資過程中，如果不克服這種厭惡損失的感覺，就很難成功。

真正的耐心，不是為了避免損失而本能地不想出售，而是當遇到風浪和困難時，努力培養出來的一種心態，這種耐心是即使已經獲利，但根據分析結果選擇繼續持有，即使每個人都說該賣出，自己也想過是否該獲利了結時，仍舊能相信自己的分析，繼續堅持下去；儘管有許多靠投資快速賺錢的強烈誘惑，但是因為知道自己還不夠了解，尚有許多要學習的地方，所以決定不投資，這也可以看作是真正的耐心。在不斷獲利的過程中還能保有耐心，是一種更高的境界，這意味著自己分析正確，且有足夠的耐心，等到標的價格達到自己的期望。

企業不會一夜之間突然變好或變壞，一家公司要持續經營，累積一段時間才會產生結果，絕對不可能今天剛添加完設備，隔天業績就提高。以設備投資為例，首先，設備投資需要

花費公司的現金，還必須要有土地來擴建設施，在土地上建造建築物，建築裡還需要添購設備。此外，還必須購買所需的耗材，並且僱用或安排人員來操作設備，不只如此，從設備和材料投入到產品達到預期產量的試運行期，還需要不停地投入資本，等到還清部分貸款，支付完一定費用，結餘後產生利潤，才算完成一個週期的投資。

這麼多環節怎麼可能在一、兩天內完成？等待一家公司取得亮眼的成績需要時間，雖然因為投資階段不同，等待的時間略有差異，但也並非是一夕之間就有成果，投資自然也必須要很有耐心才能成功。

初學者犯下的最大錯誤之一，就是想省略等待的過程，直接獲得好結果，這是急於獲利的投機心態，等同於「賭博」。我們必須區分投資和賭博間的差別，不可否認也有人將賭博當作一種投資，除了賭場，金融市場中也有類似商品，那就是期貨和選擇權，以及已經摧毀許多韓國家庭的比特幣。最近，我在 YouTube 上看到許多投資人進入這些市場後，獲得慘痛教訓的影片。

專業投資人在交易期貨和選擇權等衍生性金融商品時，也會建立投資原則，通常投資期貨是為了分散現貨的風險，他們往往會制訂策略，透過其他資產來規避風險，如果散戶沒有任何策略就一股腦跳進市場，肯定會產生災難性的結果。

賭場中也有很會賭博、勝率高的人，但這也非一夜之間就

能鍛鍊得出來，需要經過無數努力和累積失敗經驗而來，想要提高勝率，必須將成功的原則、模式徹底內化才有可能，但即使這樣，成功也不會在一夕之間就發生。

許多人賭博是因為能感受腎上腺素激增，緩解心理壓力，但還有另一個領域可以獲得類似的效用，那就是極限運動，比如山地自行車、滑翔翼、高山滑雪和格鬥等，極限運動和賭博一樣，在緩解壓力方面相當有效。可以好好評估其中利弊，從中挑出性價比相對高的項目，如果覺得賭博具有更高的性價比，那也不失為一個選擇，但必須確保不會為生活中帶來無法抹滅的不良影響。

沒有耐心就不會獲利。在投資的世界裡沒有什麼是免費的，一切都需要時間累積，投入的精力越多，獲得的利潤也會越多，可惜在報酬率提高之前很難精確地計算。

接下來我想談談耐心的精髓，隨著報酬率逐漸增加，你會深刻感受到其中的意義。這也是華倫・巴菲特的長項，就是「當好球進來的時候，選擇放掉不揮棒。」

與其由我來敘述，不如透過一個客觀的故事來談談，投資裡什麼才是高度的耐心。

下文是華倫・巴菲特的合夥人查理・蒙格（Charlie Munger）所說的一段故事：

儘管華倫・巴菲特遇到了比其他人更好的機會，但他表

現出超乎常人的耐心,沒有收購公司。(中略)

華倫‧巴菲特犯過的重大錯誤是什麼?大多數人都會犯錯,而華倫‧巴菲特犯的重大錯誤就是沒有執行收購。

例如,他沒有購買沃爾瑪的股票,儘管他確信它會取得巨大的成功。

不採取行動也是一個非常嚴重的錯誤。

如果波克夏沒有錯過那些成功的機會,現在的淨資產還會再多增加 500 億美元以上。

——《華倫‧巴菲特談生意》

這段關於華倫‧巴菲特的故事,說明了為什麼查理‧蒙格可以做華倫‧巴菲特的商業夥伴這麼多年,也許是因為他們認識到彼此真正的價值吧!雖然查理‧蒙格指出華倫‧巴菲特的錯誤是該做的沒做,但這也看出華倫‧巴菲特的耐心。

投資新手或一般投資人與華倫‧巴菲特的差別在哪裡?世界上最頂尖的投資人華倫‧巴菲特,他的厲害之處在於懂得等待。他曾用棒球的比喻對投資做了簡單的說明,認為投資像是沒被三振出局的打者。棒球比賽中,如果有三個好球沒有擊中,就會遭到三振出局,但在投資中沒有三振出局,也就是說投進本壘的好球,除了自己喜歡或是認為能打得好的球,其他球都放掉不揮棒也沒有關係。

回想起我還是一個渴望投資的菜鳥時,常常隨便揮擊看起

來是好球的球，只要球一進入好球帶，不論自己是否有打得到的把握，都會興奮地亂揮棒。儘管現在我仍然懷疑自己的選球能力，但華倫‧巴菲特的比喻確實說到了耐心的精髓，這無疑是讓投資人成長的箴言。

如果抱持跟華倫‧巴菲特一樣的態度，即使聽到別人投資賺了大錢、某人投資○○股票賺了好幾倍、曾經想買卻沒買的股票大漲，內心也不會因此動搖，而在讓自己保持冷靜的過程中，我記得自己曾有這樣的感受：「原來這就是華倫‧巴菲特所說的耐心，原來這就是成長！」

以下是另一個有關華倫‧巴菲特投資態度的故事：

雖然我們的投資獲利可能不如別人，但損失肯定很少。

我們從來沒有向前走兩步又倒退一步，不過是退了幾分之一小步而已。

——《華倫‧巴菲特談生意》

華倫‧巴菲特之所以能有傳奇般的成績，是因為他選擇到確定有把握的標的之前，放掉了無數個好球。此外，他之所以能夠用這種態度投資，是因為他相當了解複利的魔法。

越渴望獲利，越需要等待

華倫‧巴菲特其實比任何人都更渴望獲利，事實上，世界上很少有人投資的時間比他更長，目前已經九十多歲的華倫‧巴菲特，他的第一筆投資可以追溯到 1942 年，從 11 歲他就開始投資，世界上有多少人投資這麼長的時間還能倖存下來？投資這麼長的時間，說明他比任何人都更熱愛投資，對於獲利有強烈的欲望。

我簡單地提一段有關他對投資的欲望：

讀完所有你能讀的書。我十歲的時候，就把奧馬哈市圖書館裡所有的投資書籍都讀完了，有些書還讀了兩遍。從書裡接觸到許多不同的想法後，再思考哪一個更適合自己。接下來就必須親身嘗試，用小額的方式投資，如果只是不斷進行模擬投資，就像不談戀愛只閱讀言情小說。如果你想知道自己是否喜歡投資，應該越早開始越好。

查理和我用了許多不同的方式賺錢。當發生資本管理的危機時，對我來說是一個很好的機會閱讀，我每天花 8～10 個小時讀資料，並且思考。

——《華倫‧巴菲特談生意》

如果剛開始投資的人向我尋求建議，我會引用華倫‧巴菲

特對投資的態度：「克服貪婪，成就欲望。」

　　華倫‧巴菲特的偉大之處在於，他擁有欲望但能保持耐心、堅持不懈，而且靠著「複利的魔法」實現目標。通常欲望強大的人很難能保持耐心，在投資方面，他示範了如何正確地面對欲望，如果渴望成功獲勝，必須投入更多時間和熱情，就像足球教練在賽前分析比賽影片，並制定策略擊敗對手一樣。

　　從普通人的觀點來看，投入時間和熱情到投資遊戲中，是需要堅持的過程。在快速變化的時代，透過網路幾乎可以馬上找到想要的訊息，但是投資並非如此，不能急於求成、需要耐心，是一場投入時間和熱情的過程。

　　新手投資人雖然普遍貪婪，經常會省略前文提到的「耐心過程」。如果不打破這種方式，最後很有可能會投資失敗，這樣的情況在投資領域裡屢見不鮮，實在令人非常惋惜，畢竟很少投資人接受過耐心的訓練。

　　希望你一開始就把目標放在長遠地投資，因為不可能一下子就學會所有投資的要領，反過來說，如果太著急的話，失敗的可能性就會很大。想想看，如果把一輛半成品的汽車開上路，會發生什麼事？如果是一輛只能加速、不能煞車的汽車呢？後果有多危險應該不用再多加說明了。但在投資的世界裡，我們經常會看到這種情況。

　　請務必將這點銘記在心。想要成為投資高手是需要花時間練習的！

華倫‧巴菲特說過：「讀完所有你能讀的書。」

想縮短成為高手的時間，你需要找到一個好的導師，不僅是需要，應該說是必須找到一個好的導師，在導師的指導和訓練下，可以再縮短成為高手的時間。但不幸的是，韓國大多數偉大的導師都早已退居幕後，透過這本書，我想呼籲投資專家來到台前，一起改變這個投資世界；真正的大師都不願意出來，許多虛假的大師卻充斥在市場上，實在很可悲。

想要進入投資領域的投資人，要分清誰是真正的導師，誰是假的導師，不然花得時間會更長，我會一再強調耐心在投資中的重要性，能不能耐心地堅持下去，取決於能否和欲望保持距離。另外，分析與觀察市場週期，也很重要。

第一章我主要著重在投資人應具備的基本特質。投資是一場金融遊戲，所以在學習技術前，必須先了解玩遊戲的人，此外，還強調了該避免的事，以及應該如何管理自己的貪婪。不論技術再好，如果不妥善管理自己的貪婪，必定會導致失敗的結果，尤其是剛起步的新手投資人，最好把第一章的內容銘記於心，才能幫助你避免在現實世界中發生慘痛的經歷，如果順利避開失敗的道路，將來一定可以獲得良好的投資成果，希望大家能先牢牢記住，再進行投資。

我擔心有人認為第一章的內容會削弱投資人投資的動機，但資本主義制度和 2020 年後量化寬鬆政策，自然會吸引人們

進入投資的世界。正如華倫・巴菲特的名言：「投資，越早開始越好。」只有這樣才能累積更多經驗，如果能盡早進行正確的投資，就能引領我們航向財務自由的港灣，現在，在邁向財務自由前，讓我們先談談人性，俗話說得好：「知彼知己，百戰不殆。」一旦了解這部分，對於投資將會有很大的幫助。

第 2 章

投資是一場心理遊戲

過度自信反而不適合投資

韓國投資界裡有一位我很尊敬的老師，也是我一直想成為的典範。就是曾擔任過新韓法國巴黎銀行副社長，現在是崇實大學金融經濟學系教授的徐準植。

之前曾在他的課堂中聽過一個有趣的分析，聽完後深表贊同。因為他將我在這個金融業二十多年來的經歷，用數據完整呈現出來，令我印象特別深刻。

這個分析的主題是：「什麼樣的人投資表現最差？」分析結果中，績效最差的人是「過度自信的男性」。

密蘇里州立大學教授歐羅亞（Louyia Oh）14 年間分析了4,800 個家庭後，發表了一項有趣的調查結果：

買在高點的人＝投資早期獲得成功、過度自信的男性
賣在低點的人＝厭惡風險、有自信的男性

我在投資現場也遇到過不少這樣的案例。這些人非常自信，尤其是聰明且成功過的男性更為明顯。

為什麼分析後的結果會是有自信的男性？一般來說，成功又聰明的人，投資績效不是應該會很好嗎？但根據我的經驗，這個調查的結果並沒有錯，不僅沒有錯，而且完全正確。為什麼呢？先分享一下我在投資現場的見聞。

　　我在投資領域中遇到聰明且成功的男性，幾乎都有良好的家世背景，他們的成就和知識都優於其他人。此外，以往生活中他們的判斷幾乎沒有出錯過，個人的判斷、情報和知識為生活帶來相當大的幫助，這樣的人，通常都充滿自信。

　　這些人認為自己懂得很多，且能掌控一切。此外，也想保有並繼承自己家族所建立的優勢。

　　這樣的心態不是一天就形成的，而是經過長時間累積的結果，因為這樣的態度創造了現在的自己，如果要拋棄這樣的態度，就跟否定自己沒有兩樣。

　　所以，在聰明且成功的男人身上能看到一個共同點，就是他們都有很強的自信心。強大的自信心意味著當事情出錯時，他們很難承認錯誤，因為生活中，他們幾乎很少犯錯，這種態度在工作中可能代表著堅韌不拔的意志，但卻是投資時的巨大障礙。

　　世界上沒有任何東西是永恆的，企業界更是如此，經常會看到目前表現很好的公司在下一次系統性風險來臨時就倒閉；不知道看過多少次為了擴大市場，併購其他公司，最後反而自取滅亡。

　　有時候，與大公司簽訂合約，為了完成交貨增添設備，但如果沒有達到預期的收益，設備成本就會轉變成債務；本來投資是為了獲利，但因為世界瞬息萬變，使得原本的投資全都白費了。

投資世界與職場工作略有不同。工作只要不斷努力就會越來越上手，但在投資的世界中，市場不斷在變化，因此必須要適應、熟悉並專注，才有可能生存下來。就像遇到一顆千變萬化的變化球，必須接受變化球的打擊訓練才可能打的到，如果只受過快速直球訓練就上場，還自以為打擊技術精湛，反而容易揮棒落空。

因此，投資時富有「靈活性」非常重要。第一章中提到的「耐心」，是投資時的重要特質，就像是最基本的體力，靈活性則是邁向成功投資的關鍵要點之一。

經過多次分析後，投資看好的公司肯定能獲得高額回報，儘管如此，仍然要做好一個假設，就是不論分析得多麼深入，還是有可能會有出錯的時候，也就是說投資雖然需要「努力」，但一般人對「努力」的概念可能會誤導投資的方向。

在投資的世界中，努力的成果隨時可能會被推翻，過去的成功經驗雖然有可能帶來更大的成功，但如果只是固守過去的經驗，反而會成為失敗的導火線。對於努力學習、建立知識基礎，並跳入投資世界裡的人來說，是非常危險的一件事，因為他們不會假設自己所知道的一切有可能是錯誤的。

在這方面，我和徐準植有一位共同喜愛的學者，就是現代最偉大的經濟學家約翰‧梅納德‧凱因斯（John Maynard Keynes），眾所皆知，凱因斯是凱因斯主義經濟學的創始人，同時，他也是一位傑出的投資人。在投資方面，人們對他的了

解並不多，你可能會以為他之所以能成為傑出的投資人，是因為他是一名優秀的經濟學家，但事實真的是如此嗎？

從歷史上來看，在投資方面取得成功的經濟學家並不多，除了凱因斯和英國政治經濟學家大衛・李嘉圖（David Ricardo）。就我的觀察，反而是在醫學、工程、公共管理等其他領域中，偶爾會出現成功的投資人，關於這一點，我想分享自己在投資現場所觀察到的心得。

經濟學家通常擅長分析當前的經濟形勢，因為掌握經濟走向是他們的工作，但問題是，了解經濟趨勢後，卻很難與投資連結。對於這個現象，我認為是因為經濟學家擅長用精確的圖表分析經濟，但在現實世界中，經濟是進行式，像影片一樣不停播放。

舉例來說，新冠肺炎疫情肆虐全球，國際旅遊都遭到禁止，且短期內無法解禁，導致飛機需求急遽減少，各國航空公司面臨倒閉危機，必須依靠政府的補助金勉強維持經營。

此外，各類場所都收到警告，禁止人群聚集，戲劇表演和音樂會也被取消，甚至連教會也被關閉，我人生中第一次碰到這樣的事件，新冠肺炎疫情讓許多人留下難忘的經歷。

然而，在面臨重大危機、前途未卜的情況下，航空股、劇場股甚至以演唱會為主要收入的娛樂公司，這些行業的股價卻在觸底後反彈。事實上，沒有政府支援的話，這些公司極有可能破產，但如今股價卻還能上漲，該如何解釋這個現象？不僅

在韓國，全世界都有這樣的現象發生。

關於這一點，我在個人社群網站「股市量角器」上曾發表過一段文章，這篇文章是在新冠肺炎疫情蔓延全球，市場觸底反彈時寫的：

最近有許多散戶投入股市，面對不斷變化的市場，容易不知所措。

簡單來說，要先了解金融市場和實際投資間存在著「時間」上的差異。

資本主義中，金錢被視為生命，將錢投入投資遊戲的人，會對所有影響市場的事件變得很敏感，這就是「先行性」，換句話說，金融市場上的反應比真實市場的速度還要更快。

美國新冠肺炎疫情尚未解決，死亡人數持續上升，為什麼股市還會上漲？很多人因為操作反向 ETF，而遭到重大的打擊。

當前的新冠肺炎疫情已經反映在過去的股價中，我們主要關注的是新冠肺炎疫情未來的發展，但這是無法預知的。

目前市場反彈可以解釋為量化寬鬆政策所導致，如果沒有「時間」的概念，就很難搞清楚這一點。為了讓金融市場度過目前的混亂，必須掌握接下來的經濟景氣好壞，並設法克服經濟惡化。這意思是已經知道經濟會惡化，並且做好防

範了嗎？

　　如果沒有「先行性」，投資時必然會陷入混亂，所以有必要好好了解相關概念。金融市場中，危機剛出現時造成的影響力最大，當危機趨緩時，影響力也會跟著減半，這一點要牢記。3 月 20 日，我寫作本文的當下，是高收益債券（High yield Bond Spreads）下跌，牛市開始的時候，從這時起，如同 2008 年的經濟危機算是結束了，如果危機持續發展，高收益債券繼續上漲沒有下跌的話，人們的擔憂就會成為現實。

　　了解「先行性」對於觀察市場也會有所幫助。

　　不要把金融市場和現實世界混淆在一塊，如果沒搞清楚時序，容易迷失其中。

　　這次新冠肺炎疫情，更加凸顯出這一點。

　　當你經過轉角，突然看不見前方，會感受到恐懼。即使是陰天，只要看得見前方，就仍能前行，但是如果看不見前方，恐懼感就會加深，換句話說，除非當前新冠病毒的傳播再度嚴重到引起恐慌，否則恐懼感就會逐漸削弱。

　　了解現實與市場間的時間差，對於了解真實市場會有所幫助。

　　　　　　　　　　　　——NAVER 社群「股市量角器」

　　這段話我提到的關鍵詞是「先行性」。投資人是著眼於未

來的，出於這個原因，現在的情況對投資人來說往往已經成為過去。打個比喻的話，投資就像是影片，雖然正在看，但畫面卻是不停地轉換；然而，照片卻不是這樣，照片裡的畫面已經是過去式，儘管經濟學家一直試圖了解真實情況，但那些都早已經是過去的事了。

但在投資的世界裡，分析的不是現在的價格，而是未來的價格，有人將其稱為「為未來定價」。活在今日的投資人已經在計算明天的價格，明白這點，才能正確地走進投資世界。對於聰明且成功的男人來說，這卻是一項艱鉅的任務。

回到前文提到的成功投資經濟學家凱因斯。

他能成為偉大的投資人是因為他是一名偉大的經濟學家嗎？至少有段時間的確是如此。他曾經透過自上而下的（Top down）* 貨幣投資方式取得成功，但投資最後還是失敗了，然而他又再次站起來，從一個投資人的身分出發。把經濟相關的知識藏了起來，重新定義投資的世界。他從一名經濟學家變身為一名投資人，在投資上取得巨大的成功，總結來說，他不是以經濟學家的身分，而是以投資人的身分投資成功。

我想舉另一個相似的例子來說明，耶穌說：「人若不重生，就不能見神的國。」我則要加上一句：「成功且聰明的男性，如果不重生，就無法在投資上取得成功。」另外，「靈活

---

* 將因素從大到小進行分析的投資方式，預測金融市場中的個股。

性」在投資方面也是至關重要。煮飯時需要米、水和火，在投資的世界裡，如果要說什麼像米、水、火這樣重要，應該就是「靈活性」。

　　雖然過去經濟學家投資成功的例子不多，但我相信未來，一定會有經濟學家取得巨大的成功。近年來顯著成長的經濟學領域就是「行為經濟學」，這是一個與投資相關的經濟學領域。這個學科證明了人類行為中的不合理與非理性的地方。

投資時，你是「快思」還是「慢想」？

　　前文我對經濟學家似乎過於苛刻，在這一節中，我將討論經濟學家投資成功的方法。

　　迄今為止，經濟學被分類為古典經濟學、凱因斯主義、新古典主義，以及新自由主義經濟學等，我非經濟學學者，要議論經濟學似乎不太合適，而且這也不是本書寫作的目的，只不過我想指出，有許多投資人認為經濟學的學說並不太適合用來解釋投資。

　　華倫‧巴菲特經常批評一種投資理論，就是效率市場假說（The Efficient-Market Hypothesis, EMH）該理論認為市場和股價反映了所有訊息，我不太明白為什麼會出現這樣的理論，許多投資人，至少我周遭的人，都認為這個理論是個無稽之談，

不過，直到現在這個理論依然有人相信，但感覺這不是一種科學理論，而是接近宗教教義般的學說。

雖然我是文科生，離經濟學有點遙遠，但是從人文學科的角度來看，經濟學似乎有某種意識形態。一旦建立起一個理論，好像就得拚命維護，當我聽到凱因斯學派和古典學派間，激烈的爭執時，這種感覺就更加強烈。稱呼這樣的理論像教義並不誇張，當然，所有理論幾乎都有這樣的傾向，不過我認為經濟學的理論比其他學科更為頑強。

然而，最近卻出現了一個受到投資人熱烈歡迎的經濟理論，就是丹尼爾・康納曼（Daniel Kahneman）和阿莫斯・特沃斯基（Amos Tversky）所主張的行為經濟學理論。閱讀關於此學說的主要著作《快思慢想》（*Thinking, Fast and Slow*）後，我發現行為經濟學實際上是一門透過觀察和實驗建立的學說，本質接近於科學，而非以往以理論為主的經濟學。

《快思慢想》書中針對人類的許多非理性和低效率行為進行實驗。這裡不是要詳細介紹這本書，如果覺得提到的內容很有趣，可以自行參考閱讀，我認為這本書的內容對投資人來說，受益良多。

當然，許多投資大師寫的書也是必讀之書，但是我推薦這本書給投資新手，因為能夠從書中了解投資一開始會面臨什麼樣的問題。強烈建議不要直接閱讀與投資相關的書籍，而是先閱讀這本書，了解投資時會面臨的情形與狀況。

這本書的原文書名是 Thinking, Fast and Slow，在讀完並理解這本書後，我認為原文的書名非常貼切，而且相當容易理解的標題。根據作者的解釋，人腦裡有兩種結構。大腦裡的系統 1 會迅速、自發地做出本能反應。

舉例來說，如果一座建築物突然著火，建築物裡的人會有什麼反應？會先關心火災發生的原因和情勢，以及整個失火過程，評估現在所在的地方、衡量自己面臨火災時的危險性，以及會造成多大的傷害，對於火災發生的損害和長期影響等，都仔細思考完後才採取行動嗎？

錯了，其實結論很簡單，多數人只會頭也不回地逃離火災現場。

再舉個具體的例子，應該常聽說過類似的事，在擠滿人的劇院裡，有人大喊「失火了」，結果劇院裡所有的人都四處逃竄。這裡談到了人類的本能反應，即使根本沒有發生火災，一句「失火了」就能讓劇院變成地獄，許多人在逃生時被絆倒和踩踏，導致多人受傷。

發生火災時，很多人只會不假思索地狂奔，逃跑後才會想到問題。從大腦科學的角度來看，當發生事故時，如果人們不運用本能反應，而是慢條斯理地思考，只會讓問題更加惡化，遭受更大的傷害。

然而這種本能、即時並且無須思考的反應，真的是在不動大腦的情況下發生的嗎？其實不是。這樣的反應也是需要大腦

的運作和處理，只是這些反應的確也是在「不假思索」的情況下發生。生活中常常會看到這種情況，某人喝完酒後對自己酒後所做的行為一點記憶也沒有，對自己怎麼回到家感到驚訝，這種沒有經過思考的方式，丹尼爾．康納曼稱之為系統 1，我則稱其為「即時腦」。

在這裡出一個本書唯一的一道計算題：

238,574 × 6,887 = ？
答案是多少？

你需要花多長時間才能算出答案？

我已經猜到會有人開始按計算機，我出這道數學題的目的不是要你計算，這道數學題是為了說明系統 1 和其他大腦部分的差別。本書的目的就是要解答這個難題。

來看下一個問題：

現在讀到的這段句子裡，含有多少注音符號「ㄓ」？
再將這個數字減去自己姓名出現「ㄓ」的次數，寫在紙上。

你現在正在腦海裡計算嗎？解決這個問題需要花多少時間？是不是還挺花時間的？還必須集中注意力？會覺得頭疼或麻煩嗎？

沒錯，會感到頭疼是因為大腦中有什麼東西正在運轉。覺得動腦這件事簡單嗎？還是覺得累人？動腦是很累的，不僅累還很消耗時間，而且計算的速度還不夠快，正因如此，大家才會佩服計算速度很快的人，對於所謂的天才感到羨慕和欽佩。

這個難以駕馭的大腦部分就是所謂的系統 2，我稱之為「自我腦」。

有一個與大腦活動有關的實驗叫「隱形大猩猩」，實驗的內容其實很荒謬，一群身穿白衣的人互相傳球，受試者會被要求數出這些人互相傳球的次數，你也可以在 YouTube 上找到這個影片，並計算看看身穿白衣服的人傳球的次數。

再回到這本書的原文書名「Thinking, Fast and Slow」，現在是不是比較有頭緒了？

書裡主要討論的是「如何思考投資這件事」。投資領域可以不用思考就進入嗎？還是必須先經過充分的考慮和分析？

當然人的大腦不會單單只使用系統 1 或系統 2 其中一種方式來思考，肯定會有相互交錯重疊的部分，然而，投資領域是刺激大腦系統 2 活動的過程。比如說去鄰近的超市看到了一個令你印象深刻的產品，如果想要成功在這個產品上投資，必須先了解該產品的實際銷售情況，以及該產品在公司裡的銷售比例，才能決定是否要進行投資。

如果在吃完火雞辣泡麵後，感覺產品不錯而有了投資的想法。幸運的是可能押對寶了，因為這個產品占該公司很大的銷

售比例，也是令公司成長的一個關鍵產品；相反地，如果你買了一個靜音風扇，試用後覺得不錯就決定買該公司的股票，那就選錯了。因為該產品在公司全部營業額中的比重，可能連指甲的大小都不到。

總而言之，當自我腦（系統 2）的活動量顯著增加時，投資方面可以獲得比較好的結果，這也是投資從根本上較困難的地方。為了生存，人類的大腦進化成更有效率的模式，經常使用直覺式的大腦，所需要消耗的能量很少，而且能即時進行反應，不用花費太多精力就可以正常運作，例如當人類看到危險時，就會立即本能地逃之夭夭。

相反地，在面對重要事情時，用大腦謹慎思考既費時又費力，感到頭疼，其實就是因為頭腦消耗了大量的能量，雖然大腦這個器官不大，只占體重的 2%～3%，但是活動時會消耗人體大約 23% 的能量。在食物不充足的狩獵採集社會，如果用太多頭腦的話很有可能會餓死，這就是為什麼頭腦使用過度時會感到頭疼的原因。這是為了生存而避免過度使用頭腦的一種人體機制，我想你應該有過努力學習後，腹中飢餓難耐的經驗。

書中對這樣的過程做了如下的描述：

假設被要求在 1～2 分鐘內記住 7 個數字，專注於數字的同時，還必須在兩種甜點中做選擇 —— 對身體不健康的巧克力蛋糕以及健康的水果沙拉。

　　實驗結果表示，當人滿腦子都是數字的時候，選擇巧克力蛋糕的機率會提高；當系統 2 忙碌時，系統 1 對行為的影響會更大，而系統 1 喜歡甜食。

　　　　　　　　　　　　　　　　　　　　——《快思慢想》

　　問題在於投資應該要使用系統 2。這也是為什麼人們不喜歡在投資上傷腦筋，單純的計算有時還能應付，想買一個新冰箱的時候，使用起來是否方便、冷藏櫃或冰凍櫃的大小如何？因為早就在腦海裡思考了很多遍，所以可以不用花太多腦筋，也比較會願意花時間；在考慮要購買什麼款式的手機，並且分析各種手機型號規格時也是如此。因為曾經做過好幾遍，即使花頭腦在這些事上，也不會覺得頭疼。

　　然而，由於投資是一件從來沒有做過的事，就像在光滑的大腦上雕刻紋路一樣艱難，這就是為什麼許多人在投資時常常不做分析，容易被旁人的話所煽動的原因。

　　「你為什麼買這張股票？」

　　「因為我的朋友說這張股票很棒，所以我就買了。」

　　會這樣做並不是他的錯，因為大腦原始的設定本來就不利於投資。

　　對此，《快思慢想》書中指出：「很多人往往過於自信，過度相信自己的直覺，在知識方面不下工夫，而且還盡可能地逃避。」

簡單說就是不想浪費自己的能量。然而，還有一個更嚴重的問題，前文提到過，大腦碰到危險時會做出本能性地反應。想想看，如果突然有車衝過來，還有用頭腦分析的餘地嗎？躲避是這時最好的選擇。在投資領域裡最糟糕的大腦反應也是源自於此。

當股價狂跌時，大腦會不停地跟自己說：「完蛋了，所有的股票都要完了，現在逃出來的話可能還能勉強存活，快逃吧！」但事後回頭看，通常那時是價格最便宜的時候。

為什麼會這樣？這是因為大腦裡風險規避的系統 1 運作的關係。當大腦感覺到危險時，系統 1 就會迅速啟動，並且勝過系統 2 的自我腦。在危急中還能堅持的自我腦非常少見。

大腦的這個特徵引發了一些現象，比如說，為什麼股票總是在賣出後上漲。

前文提到當火災發生時，還用大腦慢慢分析是很愚蠢的行為。但是，如果把火災時的反應套入市場恐慌和崩盤的情況時，又會如何？

關心崩盤（火災）發生的原因和情勢，以及整個崩盤（失火）過程，評估現在所在的位置、衡量自己面臨崩盤（火災）時的危險性、會造成多大的傷害，對於崩盤（火災）發生的損害和長期的影響，要全部仔細思考完後再採取行動嗎？

沒錯！的確必須先想清楚，然後再決定該怎麼做。投資時碰到崩盤與發生火災時的行為模式截然相反，這就是為什麼投

資時很難正常使用大腦，因為必須要違背大腦的本性。

　　普通投資人投資會失敗，而且失敗率很高的原因，不是因為這個人不好，而是大腦的天性使然。希望這段文章能為過去投資失敗的人帶來安慰。這不是你的錯，而是因為大腦的關係。

　　這裡仍然還有個疑惑。為什麼人們願意分析冰箱和汽車，但卻不願意分析投資？既然分析冰箱和汽車很容易，為什麼分析投資會這麼難？為什麼許多人懶得分析，而是輕易相信身邊的人所說，然後不加思索就跟著投資？何況投資花的錢比冰箱和汽車還要更多。其原因我會在後文做討論。

人的欲望讓市場變得複雜難測

　　前文，我從投資人的角度分享了《快思慢想》書中內容。為什麼會有那麼多投資人對這本書如此著迷？我認為跟萬事萬物的原則一樣，經濟活動與追求利潤的行為，要像齒輪一樣相互咬合才能夠順利運轉。物理的世界中，這樣的想法是合理的，水從高處流向低處、海比河深、山高谷深、有捨就有得，一般來說，這是世界運行正常情況，奇怪的是，在金融市場中，總是會有神奇的事情不斷發生，究竟為什麼常識在這裡會行不通？

　　是市場的錯，還是自己的錯？市場為什麼不按牌理出牌？

　　我用一個實際投資的例子來說明。正常來說，如果一家公司賺了很多錢，股價卻很低，透過市場交易會使價格上漲，調整到相符的價格；相反地，如果公司的業績很差，價格通常會下跌。2020 年因為席捲全球的新冠肺炎疫情導致經濟不景氣，股價自然跟著下跌，但為什麼當疫情走向高峰時，美國和韓國的股市觸底後卻一直持續上漲？外界顯示的訊息是不樂觀，但股價走向卻是樂觀，這樣是正常的嗎？如果按照「效率市場假說」，不就完全說不通嗎？

　　以撰寫本文時的 2020 年上半年為例，韓國金融股和控股公司被嚴重低估，建築股被低估的情況也很多，有很多公司的股價是一年營業利潤的 3 ～ 5 倍，也不難找到股價是淨資產 0.3 倍的公司。當然，這是因為對前景沒有充分把握，就證券行業而言，儘管過去十年的利潤結構已經逐漸多元化，股市也添加了許多流動性，但交易的價格還是被打了許多折扣。對於未來的成長潛力需要打這麼多折嗎？

　　市場制定出的這個價格究竟合不合理？

　　反之，在未來成長性良好但表現不佳的生物股，未來前景不明的公司，市值卻比韓國獲利表現中等以上的大企業還要高。曾經經歷過市值一夜之間像積雪融化般消失的情況後，就會開始質疑市場是否真的由理性決策來驅動。

　　已往學者假設人類的經濟判斷總是理性的。然而在《快思慢想》一書中，指出了人類的經濟判斷並非理性，而是基於熟

悉與習慣，大腦總喜歡朝著舒服的方向運轉。這本書清楚地解析了投資人的想法，令許多投資人看完後讚嘆不已。

　　如果實際參與過投資市場，就會發現有許多非常不合理的事情一直發生，這些要怎麼用經濟的邏輯來解釋？儘管很多人試圖解釋，但經濟的邏輯並不能解釋所有的情況。因為市場並不是光靠邏輯運算的機器，我們必須記住，投資市場是由情緒和偏見所組成，邏輯運算的方向並非直線，而是充滿了混亂和分形結構（Fractal）*。總之，市場不像測量水的深度那麼簡單，而是建立在難以測量的人心上。

　　這樣的矛盾現象很難用現有理論解釋，而行為經濟學提供了一個答案，那就是「人類的行為並不是我們想像的那樣。」多虧有了這樣的解釋，我們可以更進一步的往前。

　　透過人心這個變項得出這個結論：「準確預測市場是件不可能的事情。」

　　這裡還有一個我們必須假設的變項，是跟人類欲望相關的問題。基本上，大腦中某些活動偏離理性，若再乘上欲望這個變項時，就會變得更加複雜。正因如此，我認為人工智能未來還很難在投資市場扎根。

　　人類的欲望跟恐懼，就像一枚硬幣的兩面。對於生存所需之物的追尋可以稱為「欲望」，避免死亡以及追求存活的感受

---

* 一部分與整體相似的幾何形狀。

可以稱為「恐懼」。欲望和恐懼源於同一個心理機制，也就是對生存的渴望，但表現出兩個面向。進入投資市場後這一點會變得更加明顯。

因為市場充滿具有欲望的人，變量乘以變量之後，就變得更加難以理解和預測。

德國投資傳奇人物安德烈·科斯托蘭尼（André Kostolany）[*]談到人類的欲望時，有如下的看法：

「金錢有很多的定義，但我想說的是，對金錢的渴望可以成為經濟進步的動力。為了賺錢，人們會投資自己的創造力和誠信，並承擔一部分的風險。」

他認為人類的欲望，以及對金錢的渴望帶來了經濟進步。資本主義將「欲望是人類的本性」這個想法放到了世界的中心。欲望影響力最大的的地方，就是「市場」。

俗語說：「水深可測，人心難量。」「欲望」是帶來人類不確定性的一個重要心理概念。有時欲望可能是對金錢的貪婪，有時會表現出利他的行為，「欲望」本身具有很強的波動性，可以產生出完全不同的行為。市場是充滿欲望的地方，因此市場上出現大幅波動是很自然的現象。前文提到市場無法用邏輯解決，引申出「市場是一個不可預測的地方」，就是因為

---

[*] 出生於匈牙利布達佩斯，專攻哲學和藝術史。他被譽為是將股票投資提升到藝術境界的人。

人都有欲望，所以市場才會具有這麼高的不確定性。

　　因此我們可以得出一個結論：「**不要試圖預測市場。**」

　　亞當‧史密斯（Adam Smith）曾說，市場上有「一隻看不見的手」，這隻看不見的手是指參與市場的人集體決策的總和與方向。相較之下，一般產品市場算是容易預測，因為這個市場裡的人追求的方向大致相同。

　　金融市場中，市場參與者所做的決策會影響整個走勢，比起以商品的供應和分配為主的市場，因為人類具有不同的「心理」使得投資市場更加複雜，另一個主要因素是欲望，增加了金融市場的複雜性，因為人的變項相乘後反映在市場上。亞當‧史密斯說「看不見的手」，顯然不太符合金融市場的狀況。金融市場和一般市場不同，如果要等待「看不見的手」來平衡，恐怕所有的人都早已崩潰。自新冠肺炎疫情發生以來，許多國家實施貨幣政策，就是因為曾經歷過因恐懼造成整個經濟體系崩潰的情況。

　　大約一世紀前，科學領域的量子力學認為科學測量很難精確計算。從德國物理學家維爾納‧海森堡（Werner Heisenberg）所說的「不確定性原理」中可以看出，不確定性原理簡單來說，就是不可能同時準確地測量一個粒子的位置和動量。在測量動量和位置時，如果準確識別動量，就很難準確確定位置；如果準確確定了位置，就無法準確測量出動量。隨著觀察者情況的變化，便會難以精準的進行測量。

　　這一個不確定性原理在投資領域中具有很重要的意義。觀察行為的順序和位置會影響被觀察粒子的狀態，這種量子力學的不確定性也適用於投資市場。根據不同投資人的觀察視角，對某一現象和公司的狀態可能會有不同的分析，這個分析可能影響了參與市場的程度，而導致預測的結果與原先不同。

　　新冠肺炎疫情發生後，投資人經歷了非常混亂的局面，充分體驗到金融市場的不確定性。

　　事實上，這個海森堡的不確定性原理在人文學科中被廣泛使用。這個原理常常會被引申作這樣的解釋：「即便在物理學和科學的世界裡，觀察和測量都很難完全精確，更何況是人類聚集的社會？世界上所發生的事不可能全部都能準確解釋。」正如我們在新冠肺炎疫情危機中所經歷的，疫情中的投資和市場情況相當難以預測。

　　人們希望透過這個無法準確預測的「市場」獲得收益，但即使準確預測了金融市場和大環境，預測者的位置和預測時間點也已經是過去式，更何況要準確預測市場非常困難，因為未來有太多無法確認的變數。

　　一個代表性的例子是長期資本管理公司（LTCM）事件[*]。

---

[*] 由所羅門兄弟的前副董事長暨債券交易部主管約翰・梅韋瑟於 1994 年成立的美國對沖基金。1998 年俄羅斯宣布暫停向外國債權人支付還款時，擁有大量俄羅斯政府債券的 LTCM 基金遭遇崩盤的危機。由於擔心會導致一場重大的全球經濟危機，該基金得到了以聯準會為首的其他大型銀行和投資機構的大規模救助。

這家公司是由一群數學專家所組成，通過套利交易增加槓桿，曾獲得非常高的利潤，因高報酬率的績效，成功獲得了市場參與者的信任，基於這種信任，吸引許多金融公司投資天文數字的資金。

利用金融公司投入的資金進行更大的槓桿押注後，預測卻出了差錯，導致大規模公司連續破產，進而造成美國金融體系崩盤，這就是著名的長期資本管理公司事件，這個事件是有關人類預測不確定性的一個代表性案例。這家公司是由世界上最優秀的學者所創建，造成的事故也是世界上最嚴重的金融事故之一，但這些人可能仍然認為這並不是他們的錯，而是整個世界暫時偏離了軌道，事實上，我親眼目睹過很多金融領域的人，在預測錯誤的同時會試圖進行心理防衛。

LTCM 在投資的前三年取得了 28％、59％和 57％的高報酬率。根據這群天才建立的理論，他們透過套利交易賺取穩定的利潤，問題是，整個槓桿設制過高，公司的資本為 47 億美元，資金運作的總規模卻高達 1 兆 1,250 億美金，槓桿率已經超過 100 倍。

現在回頭看，這個槓桿比率實在高得不合理。這是由於他們堅信自己的理論是準確的，而且確信他們能準確衡量市場並取得勝利。隨著俄羅斯宣布延期償付（Moratorium）[*]，市場投資

---

[*]　當經濟因戰爭、自然災害、恐慌等原因陷入混亂，而債務履行變得困難時，國家公權力機關在一定時期內推遲或暫停履行債務的行為。

人的信心瞬間破滅，投資 LTCM 的美國銀行遭受巨額損失而面臨破產的可能，其他的美國銀行也接連遭遇倒閉的危機，美國金融體系被逼到了崩潰的邊緣。整個事件可以參考羅傑・羅溫斯坦（Roger Lowenstein）寫的《拯救華爾街》（*When Genius Failed*）。

值得注意的是，這樣大規模金融崩潰的局面並不是新手造成的，以 LTCM 為例，由獲得諾貝爾經濟學獎的學者提供理論基礎，專業投資機構受短期報酬率的吸引，將資金委託給他們操作，情況才變得一發不可收拾。投資機構投入的錢轉變為資本，使槓桿變得更高，進而導致金融危機發生。錯誤分析市場不僅是散戶會犯的錯，即使是投資界最優秀的專家也會犯下重大錯誤，這一個事實充分說明了市場的不可預測性。

2008 年美國次貸危機，也是始於金融專門機構的貪婪。

在運輸方面，人類最大的願望是建造可以在太空中行駛的宇宙飛船，以及製造出可以自動駕駛的汽車，但這樣的願望也使許多人盲目投入，造成恐慌。在資本主義的歷史上，這樣的事件不斷循環發生，這一事實令我不禁思索人類是什麼，以及人類的欲望究竟會如何發展。

關於這方面，200 年前出生的馬克思曾說過「資本主義必定會帶來恐慌」，這個預言放在今天仍然有效，「只要欲望存在」這句預言就持續有效。另外諷刺的是，正是這種欲望導致了資本主義的成長。本章中我想強調的是，投入市場前必須先

認識金融市場是最能夠反映出人類「欲望」的地方。

在投資的世界裡可以看到大腦出現認知失調、世界和人具有的不確定性、貪婪的人，和人所聚集的市場共同形成欲望和恐懼，以及無數不可預測的變數，總而言之，我在投資世界意識到的是人類並不適合投資，金融市場常會陷入困境，人心與市場都充滿了欲望。

了解這些事實的前提下開始投資，就有機會在市場上獲得不錯的成果，如果一開始不考慮這些，就可能誤解市場，所以才會有這麼多人放棄，並離開市場。要了解這些事實是需要時間和耐心的，前文我講了許多可能有些乏味的內容，是因為許多投資書籍都沒有討論這個基礎的認知。

現在我們有了這樣的基礎知識，就必須邁向下一個階段。

究竟我們應該抱著什麼態度進行投資？

問題是，如何在聚集了一群大腦既懶惰又貪婪的人，並且充滿不確定性的市場中進行正確的投資？後文我將會討論幾種投資的基本原則，以及如何消除投資中的各種障礙。

雖然看似非常混亂，但在混亂中尋得解脫的方法也很簡單。必須直視前方，才能走在直線上；必須正對事實，照著事實前行，就能獲得解方。

心理偏誤會不知不覺影響你

水深可測，人心難量，尤其是當一群難以捉摸的人聚集在一起，更是提高了理解的難度。

不過還是有辦法的，前文已經有人開拓了道路，只要跟隨成功開創道路之人的腳步，就能邁向成功。在此之前請先調整好心態，再繼續往下讀，先檢查自己的思維，才能在成功投資的道路繼續向前邁步。

成功投資最重要的一點是基於事實進行投資。這是一句看似理所當然的話，但卻很難真正實行，從許多投資案例中可以發現。因為人類是貪婪的生物，欲望會把我們導引到其他方向。接下來我想繼續討論一些人類的心理機制。

事實上，當我們投資時，稟賦效果（Endowment effect）與定錨效應（Anchoring effect）等心理機制發揮了重要作用。稟賦效果是用自己的角度做出判斷；定錨效應是以固有的思維做出判斷。

舉例來說，如果家裡使用 L 公司的電器，並對其性能感到滿意，那麼通常就會對該公司的股票有更正面的看法。此外，當你投資某家公司並且購買了股票後，從那時起，該公司所做的一切看起來都會很美好，在分析和評估時也會偏向該公司，這就是稟賦效果的例子。

以往的個人經驗往往會成為障礙，定錨效應也會影響投

資。比如說，某公司過去是一家資產規模大、成長潛力好的公司，有認識的朋友曾經在這家公司上過班，並且對這家公司讚不絕口，做投資決策就很有可能依靠這些認知。但聽來的消息不代表是這家公司的現況，有可能是公司過去的情形，但要投資的是公司的未來，而不是過去，如果公司的資產和營業額都在下降，就需要弄清楚為什麼會出現這樣的情況，如果根據過去的記憶進行投資，不了解現在的情形，就很容易發生災難性的結果。

為了避免發生這種錯誤的投資，就必須了解投資標的的最新情況。

認清公司的現狀而不加油添醋，是投資重要的基礎。事實上這並不容易，所以最好先對自己的心態進行徹底檢查。

我想引用幾年前的暢銷書《真確》（FACTFULNESS）說明，這本書看似和投資沒有直接關係，但卻能看清自己的世界觀為何，這對投資會有很大的幫助。在訪問和分析公司時，要將對這些公司的印象與現實進行比較時，從這本書中學到的東西非常有用，希望投資新手們都能學會。

書中分析的世界價值觀，與投資世界中運行的基本價值觀是一致的。作者藉由觀察不斷變化的世界，並準確地了解世界的現況，「這個世界不停在發展」的世界觀貫穿了整本書。雖然有時不得不面對現實，但在一定程度上，人類對未來是樂觀的，對現實懷著一種未來會更好的信念。這樣的世界觀對於投

資來說是非常重要的。

抱持「世界是持續發展」對投資來說很重要，如果一個人認為世界是走向衰退而不是持續發展，當明天會比今天更糟時，就沒有必要為了投資未來而壓抑今天的欲望。如果明天的價格只會更低，那還會有多少人願意投資？所以投資人會在某種程度上對未來保持樂觀態度，而樂觀主義者在投資領域裡必定會獲得更好的結果。

以下是《真確》書中所提出的問題。你可以試著回答，看看能做對多少題。請先不要看答案，照著自己原本的想法猜測答案：

1. 現今世界所有低所得國家，有多少比例的女性能從小學畢業？

   A：20%

   B：40%

   C：60%

2. 世界上大多數的人口居住在哪個地區？

   A：低收入國家

   B：中等收入國家

   C：高收入國家

3. 過去的 20 年裡，世界人口中極端貧困的比例發生了怎樣的變化？

　　A：幾乎翻倍

　　B：幾乎沒變

　　C：幾乎減半

4. 目前世界上人類的平均壽命是多少？

　　A：50 歲

　　B：60 歲

　　C：70 歲

5. 現今世界人口中 0 ～ 15 歲的兒童人口有 20 億，聯合國預測 2100 年這個數字將會是多少？

　　A：40 億

　　B：30 億

　　C：20 億

6. 聯合國估計到 2100 年，世界人口將增加 40 億。主要增加的是哪個年齡層的人口？

　　A：兒童人口（15 歲以下）

　　B：成年人口（15 ～ 74 歲）

　　C：老年人口（75 歲以上）

7. 過去 100 年來，每年死於自然災害的人數呈現何種變化？

A：增加為兩倍以上

B：幾乎一樣

C：減少至一半以下

8. 當今世界人口約為 70 億。以下哪一項正確描述了每個地區的人口分布？

A：亞洲 40 億，歐洲 10 億，非洲 10 億，美洲 10 億

B：亞洲 30 億，歐洲 10 億，非洲 20 億，美洲 10 億

C：亞洲 30 億，歐洲 10 億，非洲 10 億，美洲 20 億

9. 現今世界上的 1 歲兒童，接種了任何一種疫苗的比例是多少？

A：20%

B：50%

C：80%

10. 全世界 30 歲的男性平均就學時間為 10 年，那同齡的女性平均上學多少年？

A：9 年

B：6 年

C：3 年

11. 1996 年，老虎、熊貓和黑犀牛都被列為瀕臨滅絕物種。今天，這三個物種中，有幾種物種面臨更嚴重的滅絕危機？

    A：2 種

    B：1 種

    C：無

12. 世界上有多少人口能享有電力？

    A：20%

    B：50%

    C：80%

13. 全球氣候專家如何預測未來 100 年的平均氣溫變化？

    A：預估氣溫會變得更熱。

    B：預估會維持現狀

    C：預估氣溫會變得更冷。

正確答案：

1：C, 2：B, 3：C, 4：C, 5：C, 6：B, 7：C, 8：A, 9：C, 10：A, 11：C, 12：C, 13：A

——《真確》

　　你答對了多少題？當我回答完問題，對完正確答案後感到很驚訝，特別是，對於致力想要改變世界的人來說，回答出正確答案的比例非常低，這是一個相當有趣的現象。作者漢斯・羅斯林（Hans Rosling）說，如果黑猩猩用標示 A、B、C 的香蕉，朝答案卷亂扔，正確的機率大約是 33％，然而，已開發國家的人做這個問卷時，回答正確的比例竟然還沒有黑猩猩高。

　　可能沒有多少人第一次做這些題目得分能夠高於黑猩猩。另外，對世界的了解程度越高、知識越高的知識分子，反而獲得的分數越低，在先進國家調查時，情況更是如此。

　　即使讓大猩猩隨便挑選答案，通常也能有 30% 左右的正確率，計算完人類的正確答案數後，發現只有少數人的答對率能達到大猩猩的水平，這樣的結果非常令人震驚。

　　《真確》寫作的初衷是講述現今和未來世界的發展，透過準確掌握現實情況來描繪未來，但對我而言，書裡的內容闡述了投資是件多麼重要的事。在本節中，我想分享為什麼書中的內容對投資來說這麼重要。

　　首先，書中對於人類思維系統和記憶系統具有的時間特徵提出了疑問（當然，書中並沒有直接提出這個問題，但將書中內容應用於投資世界時，我認為重點在於時間）。

　　我們現今所擁有的思想、思想體系和記憶，都是在過去的時間中創造出來的，那麼我們不就是活在「不斷累積過去」的世界中嗎？未來是我們還沒有生活過的時間，一個尚未到來的

虛幻世界，所以，我們現在的思維系統、思想、記憶都是屬於過去，這是個不言而喻的事實。我們的大腦喜歡安逸於過去所學到的東西。因為學習新東西時大腦需要「慢思考」，而大腦不願意輕易消耗自己的能源，因此，大腦會跟我們說：

　　「這個問題很久以前就在腦海裡分類好了，需要的時候拿出來用就好！」

　　「這和上次學的題目差不多，不用再另外學了吧！根據上次學的內容來判斷就好，不用浪費精力。已經學習的夠多了，再繼續學的話就要負荷不下去了！」

　　「這麼簡單的東西哪裡還需要確認，這個問題不是早就會了嗎，你又不是白痴！」

　　「已經夠好了，現在放鬆點也沒關係！」

　　大腦在分配資源時非常吝嗇，因此很少將精力花在蒐集新資訊這麼費力的事上。在此方面，未來人工智能給我們帶來的衝擊將會非常巨大。這裡好像有點岔開到別的話題，但是既然提到了就稍微再補充一下，機器和演算法沒有記憶，也沒有創造的欲望，由於不會累，所以只要穩定地供應能源（電力），就能不斷解決問題，永遠不會感到厭煩，也不會感覺疲累。

　　當然，人類必須在過程中進行檢查，但人工智能對於類似的檢查也不會感到厭倦，而只是機械化地做出反應。可以肯定的是，對於擁有情感、記憶和創造力的人類已經厭倦的方面，人工智能將會有跳躍式的進展，但是人腦並不是這樣，人很容

易就感到疲倦。

因此，最終人類儲存在腦海的數據資料，內容往往比想像的還要老舊許多，有許多資料已經很久都沒有更新。從前面學到的事實中可以發現，在投資方面這會是一個很嚴重的問題。

在現實中有過許多經歷後，我發現《真確》對投資人來說是一本很有意義的書。即使我們不去更新，世界也早已經發生變化，未來也會像過去一樣不斷變化。因此，**尚未更新的你，擁有的資訊早就已經過時了！**我是這樣理解的。

隨著年齡的增加，有兩件事讓我感到很驚訝。第一是時間過的很快；第二是感覺好像剛發生的事，實際上卻已經過去很久。只有我這樣覺得嗎？你是不是也有這樣的感覺？

因此，人類的記憶是非常偏向自我的，而且往往容易被過去的事情占據。這是因為前文提到的，大腦記憶的運作模式是為了方便分類和儲存，並且在需要時能迅速找出來，因此記憶所記錄的是過去而不是現在，想到的事早已經過很久了。

這裡我們必須記住一個要點，投資的方向是朝向未來的，投資是為了未來，而不是為了過去。現況能夠引導未來的走向，想正確地了解現況，就必須不斷更新自己，然而，人們往往不願意這麼做；相反地，常常會看到許多根據過去情況做出判斷的例子。

當然，很多時候了解過往的趨勢也很重要，華倫·巴菲特就是一個典型的例子。華倫·巴菲特在投資一家公司前，會分

析該公司過去至少十年以上的**趨勢**，然後才會做出投資決定。華倫・巴菲特不是因為該公司輝煌的過去而投資，而是透過過去十年的經營情況，了解公司形成的「習慣」，並檢驗這些習慣是否能引導未來成功。

掌握過去趨勢的原因，是為了了解過去的成果和表現是否能延續到未來。總而言之，分析現在和過去，是為了確認未來，分析的方向是朝著未來，而不是朝著過去。

我們要明白「今天將會決定未來」，並且必須以事實為依據，做好準備隨時能刪除長久以來占據頭腦裡的資訊。因為一家公司未來的成功不是根據過去的事實，而是看過去的成功模式，在今天是否依然能夠有很好的表現。這就是為什麼不應該讓過去成為枷鎖或感情上的障礙，我們應該冷靜地了解過去的數據並展望未來。這些在投資中是很重要的部分。

你是否曾經聽過有人敷衍地說：「這家公司原本就是這樣！」「那家公司原本就是那樣！」投資時重新了解公司當前的情況是非常重要的事。因為商業環境不斷在變化，隨著應對方式的不同，公司的未來也會有所變化。過去有很多公司，現在連名字都已經沒什麼機會聽到。過去有多少人曾想像過這些公司會變成現在這樣？投資時，必須理解和記住一個關鍵，就是一切事物都在不停變化。

如果觀察歷史悠久的市場，很容易就能證明這一點。大約五十年前道瓊工業平均指數（Dow Jones Industrial Average,

DJIA）[*]的上市公司名單中，現在有多少公司仍舊在名單上？通用電氣（GENERAL ELECTRIC CO）是唯一一家在名單上超過100年的公司，1980年代前上市並保留至今的公司包括杜邦（EI du Pont de Nemours & Co）、艾克索美孚石油公司（EXXON MOBIL CORP）、默克藥廠（MERCK & CO INC）、寶潔（Procter & Gamble Co）和聯合技術公司（UNITED TECHNOLOGIES CORP）。

在韓國也不難找到這樣的例子，LG化學是全球領先的充電電池公司，該公司是從化妝品開始起家，許多投資人長期以來見證了這家化妝品公司變成為一家製造充電電池的公司。投資是一個不斷更新情報和資料的過程，這件事是非常麻煩和累人的，這就是投資困難的地方。

後文我會提到如何解決這些困難，總而言之，這部分對於第一次投資的人來說相當不容易。人無法僅憑想像力就完成馬拉松比賽，必須經過氣喘吁吁和腿部肌肉撕裂般的過程，堅持到最後才能到達終點線。投資同樣也是，困難之處在於，不是在頭腦中模擬就能夠完成所有過程。

最重要的是要基於事實思考，並認識到事實在不斷變化，不斷更新資訊才是正確的投資態度。有些人認為靠投資賺錢很

---

* 美國道瓊公司自1884年以來公布的平均股價。它是一個全球性股票指數，包含股票市場前30個最可靠、最穩定的股票價格。

容易；相反地，有些人認為這是件不可能的事。我想強調的
是，如果按照前文提到的不斷進行更新，成功投資就不再是一
件容易或困難的事情，而是自然的結果。儘管過程不得不經歷
許多痛苦過程。

　　大腦想要休息，投資時卻必須不斷訓練大腦，而且必須
立基在當前的事實上。當你養成一種習慣，將事實按照原樣放
進大腦分析，而不受大腦裡濾鏡的影響，投資自然就會成功。
所以我想強調：「**當建立好投資的態度，投資成功自然水到渠
成。**」學習投資的態度需要花費許多時間和精力，訓練方式是
透過接受事實本身的思維方式，但是由於大腦已經安裝了許多
軟體，為了提高效率，會將各種訊息隨意分組，放在腦海裡已
經分類好的抽屜中。

　　腦海裡的類別，很有可能與真實情況有出入。因為分類是
基於腦海中原有的情報進行的，為了減少工作量，大腦會以現
有的訊息為基礎，把新訊息當作相似的情報，分類在一起。這
些工作都是在腦海裡自動運行的。

　　但投資必須要突破這種限制，投資就是一個接受事實本身
的訓練過程。投資需要採取靈活的態度，舉例來說，如果投資
的公司業績變差，就得接受現實並採取相應的行動，當分析不
準確，公司的狀況持續惡化時，就必須果斷放棄持有的部分；
或者原本認為公司不會變好，但當狀況恢復、改善時，就能推
翻原有的看法並買入。

從本節中可以得出一個小結論：

當人習慣了違背大腦原本的機制時，就可以成為一個很好的投資人。投資基本上是違反直覺的，因為必須違背人類的本性。這是投資的一個特點也是困難的地方。如果一直往與本性不同的方向前進，就能用違反人類認知的方式進行思考和行動。必須讓這件事成為一種習慣，養成符合投資的思維模式，而非順著人類本能的思維模式。投資的整個過程必須徹底根據事實來進行思考。

觀察傑出的思考者，通常會發現他們的個性相當古怪，對事情非常的挑剔，不是因為個性冷漠，而是因為他們創建了與眾不同的思維模式，所以會感覺他們和一般人的思考方式不同。事實上，這些人因為已經習慣了根據事實說話，所以通常話都不多，這也是為什麼他們看起來有點冷淡，和他們說話比較容易受傷，如果遇到這樣的人並與之交談時，可能會有點不知所措。思維訓練已經成為習慣的人，在評估事情時，往往會根據現實做出果斷的判斷，因此，沒有受過這種訓練的人在聽他們說話的時候，很容易誤以為他們是不尊重別人。

反抗自己原有的認知並基於事實做判斷，會讓一個人的個性變得挑剔。投資是反抗大腦原本運作方式的過程，當然，了解其他參與者對市場的看法是非常重要的，當別人做出本能反應並且使用「快思考」時，與他們走相反的方向將會是投資成功的關鍵之一。

　　成功投資人的基本思維模式，是根據事實來判斷與思考。不管別人怎麼說，只有自己親眼看見，親眼確認過，認為判斷是正確時才會同意，只有當符合標準的結果出現時，才會相信自己的判斷是正確的。

　　接受事實本身、不受感情影響就是良好的投資態度。我將在下一章討論這些挑剔的人是如何達到成功的。如果你學會了投資界成功人士的方法，並內化成自己的東西，就會發現自己離成功又更近了一步。

第 3 章

投資的成功法則

放棄速度，追求複利

第一章探討了用什麼投資方式才能避免失敗，如同準備武器前要先準備好盔甲；投資前，**必須先學會如何不賠錢**。

第二章說明人類投資上先天的局限，還有大腦如何影響我們的思考，以及必須如何思考才能克服失敗。

在上一章，我們已經對自己有一些了解，接下來要在此基礎上繼續討論如何投資成功。

實際上，投資不是「賺錢的遊戲」，勝率取決於實戰中能完成多少次「不賠錢的遊戲」。

這就是為什麼投資大師們的首要原則都是不賠錢。華倫·巴菲特說：「投資的第一原則是不賠錢，第二原則是『不要忘記第一原則』。」這些大師是一開始就有這樣的想法嗎？根據我的判斷，應該是實際投資後的深刻體悟。

其實，當習慣投資並上了軌道後，就會發現如前文所說，投資成功取決於「**投資態度 × 時間**」。只要投資心態正確，**賺錢只是時間的問題**。成功人士總說：「賺錢沒有那麼難。」對於一般人和投資新手來說，可能聽起來有些荒謬，可是一旦把正確的投資態度變成習慣，就會同意他們所說的。

這就是為什麼前兩章會一再強調投資態度的重要性。當然，要確實做到也不容易，所需的時間因人而異，一旦具備正確的投資態度後，獲利就會源源不絕，也就是說，努力終會獲

得回報的。

　　市面上有許多書都談到如何透過投資賺錢，卻似乎忽略了投資最重要的事──投資的態度。投資的態度正確了，自然能賺到錢；如果心態不正確，無論技術多好、賺了多少錢，隨時都有可能嚴重虧損。如何避免犯錯是比賺錢更難學習的一課，我寫本書的動機之一，就是希望能跟大眾分享這樣的內容。

　　為什麼許多成功的投資人和高手都說，投資態度裡最重要的一點就是「避免虧損」？之所以會這麼說，是因為成功的投資人非常清楚「複利」的魔力。

　　複利就像乘法，重覆相乘時，要是乘上負數，乘積就會瞬間變負數，如同投資，一次虧損，就會對資產累積產生嚴重的影響。

　　這個概念簡單卻重要，後文我會詳細解說。為了方便計算，假設有資金 1 億元，年報酬率為 50％，帳戶中沒有其他的資金流動，則資金的累積如下：

年報酬率 50％，累積十年

第一年 1 億元 × 1.5 = 1.5 億元

第二年 1.5 億元 × 1.5 = 2.25 億元

第三年 2.25 億元 × 1.5 = 3.38 億元

第四年 3.38 億元 × 1.5 = 5.07 億元

第五年 5.07 億元 × 1.5 = 7.61 億元

第六年 7.61 億元 × 1.5 = 11.42 億元

第七年 11.42 億元 × 1.5 = 17.13 億元

第八年 17.13 億元 × 1.5 = 25.7 億元

第九年 25.7 億元 × 1.5 = 38.55 億元

第十年 38.55 億元 × 1.5 = 57.83 億元

假設第六年沒有達到 50% 的目標，重新計算一次看看：

第六年虧損 50%，第七年開始恢復 50% 報酬率

第六年 7.61 億元 × 1/2 = 3.81 億元

第七年 3.81 億元 × 1.5 = 5.72 億元

第八年 5.72 億元 × 1.5 = 8.58 億元

第九年 8.58 億元 × 1.5 = 12.87 億元

第十年 12.87 億元 × 1.5 = 19.31 億元

　　其中發生一次損失，第十年的結果就差了 38 億元。為了能感受明顯差異，我設定了比較高的報酬率，但這樣的投資報酬率並非不可能達成，而且確實有不少人達到了比這還要更高的目標。我想強調的是，為什麼避免虧損這麼重要。

　　當然，報酬率在某年出現下滑，並沒有太大的關係；發生

極小的損失，問題也不大，因為可以用隔年的利潤來彌補，只是報酬率已經維持好幾年，某年突然虧損 50％，接下來就必須花很多時間彌補，所以實戰中，避免嚴重虧損非常重要。

接下來用比較短的時間來試算。如果連續兩年報酬率達 50％，1 億元變成 2.25 億元，但如果隔年虧損 50％，資金瞬間就會掉到 1.125 億元，只比最初的 1 億元多了一些；如果隔年暫停投資，意即沒有虧損也沒有獲利，之後再恢復投資，如此一來，資產增加的速度會比有一年負成長快得多。

最重要的是，投資中的複利，相當於是用乘法的方式增加資產。資深投資人經歷過獲利與虧損後會發現，虧損不是撐過就好，實際上是損失了大量的時間。

因為經歷過漲跌起伏，因此才能說：「投資的第一原則是不賠錢，第二原則是『不要忘記第一原則』」。這裡可以推出一個結論，**就算賺不多也沒關係，只要沒有一年獲利是負的，就是增加資產最佳的方式**。這種投資態度能克服對利潤的貪婪，就像前文說過的，放慢速度可以降低發生意外的機率，而且也是實現安全邊際的核心概念。

事實上，聽到安全邊際時，應該會有些新手投資人不懂是什麼意思，其實這概念並不難，有些投資前輩因為太厭惡虧損，所以想方設法找尋避免虧損的方法，後來發現，原來當股票價格跌到某個程度後，不管之後會不會獲利，至少可以不用擔心跌更低。

　　安全邊際並不是很深奧的理論，只是不想賠錢的投資人研究出來的方法。即使賺得很少，只要不虧損，就能讓資產大幅成長；就算短時間賺不到錢也沒關係，這種價格的股票，遲早能獲利。

　　事實上，剛入門的投資人可能無法理解這個概念，會覺得有點奇怪：「投資不就是希望獲利嗎，怎麼會只擔心虧損？賺錢都來不及了，只想著避免虧損，不是很奇怪嗎？」

　　讓我先舉一個跟安全邊際相關的例子。

　　世界上有各式各樣的駕駛，其中技術最好的應該是賽車手，賽車手能在幾百公里的時速下，跟其他車子保持非常近的安全距離，這不是很厲害嗎？可以想像自己在高速公路上，以時速 200 公里行駛，而且與前車的距離僅有 2 公尺，光是想像就讓人心驚膽戰。賽車手雖然有高超的技術，但是會在一般道路上這樣開車嗎？如果在一般道路上高速疾駛，即便是賽車手也很難不發生事故。

　　相較於賽車技術，安全邊際比較接近防禦駕駛的概念。不管其他人超車與否，都開在最安全的車道上，用安全的速度行駛，隨時注意有沒有發生事故的危險。因為速度很慢，看到的人可能會覺得很鬱悶，但是這樣做真的很慢嗎？

　　如果像賽車手一樣疾駛，雖然很快，但如果訓練不足，發生事故的風險就會很高，換個角度想，如果發生事故，車子還能夠快速到達目的地嗎？相反地，防禦性駕駛雖然行駛速度

慢，但發生事故的機率較低，較能順利抵達目的地。因此，像賽車手一樣高速疾駛，就算有幾次能比較快到達目的地，但只要發生一次事故，最後平均時速也可能比不上慢慢開的防禦性駕駛。

如果從首爾開車到釜山＊，怎樣才能最快到達？騎自行車的經驗讓我有很深的體悟，到達目的地最快的方法，就是不發生事故地一直前進，不管速度多快，如果中間有很長的停滯時間，就無法快速到達。假設沒有塞車，從首爾到釜山最快的駕駛方式，就是不休息、一鼓作氣開到底。

這也適用於投資，沒有獲利的時候如同在休息站休息，虧損如同遭遇交通事故，一旦發生事故，別說要快速到達目的地，說不定還得找拖車，把車拖去修理，毀了整個行程，如果事故很嚴重，還可能有生命危險，永遠到不了目的地。

投資如果發生重大虧損，需要很長一段時間才能恢復，如果是致命的虧損，可能會逼不得已離開股市，現實中這樣的情況並不少見。正如我之前多次提到的，投資的捷徑是使用槓桿，如果投資技術很好，如同職業賽車手，也許還能夠嘗試，但如果不是，建議要非常小心，即使是職業賽車手，比賽中有時也會發生事故，甚至是大型事故。2020 年新冠危機中，許多投資界的高手都損失慘重，不過實力堅強的人很快就能恢復。

＊ 首爾到釜山約 325 公里，相當於台北到台南的距離。

　　為了避免虧損，有必要放慢投資速度，再重複一個非常重要的關鍵──現金是減緩投資速度和迴避風險的方式之一。即使現在記住了，很多時候也會不小心忘記，所以只好苦口婆心地一再提醒。

　　有些投資人不喜歡放慢速度，有方法可以在不減速的情況下成功投資嗎？當然不是沒有辦法，只不過實行起來很困難，如果加強基礎知識、對市場上的壞消息做出正確且迅速的反應，就可以遠離風險。

　　當市場出現意料之外的情況，未來充滿不確定性時，不管是停利還是停損，能夠靈活地將持股賣出，大幅增加現金持有比例，這樣操作的投資人可以將速度提升到一定程度，然而，這並不是自然就會的，必須經過長時間的訓練，才能培養出對市場的敏銳度，並不適合一般人。另外，如果賣出後發現判斷錯誤，必須能馬上買回，如果沒有擁有這樣的靈活性，就算對市場趨勢有一定的敏感度，還是有可能為資產帶來巨大風險，血本無歸。

　　事實上，對於投資新手來說，能不被市場牽著走，持有現金放慢投資速度，就算是具有一定的水準，更準確地說，這種方式已經超越投資新手，非常不容易。那要怎樣才能更進一步？接下來，我將實際分享如何成功投資。

複製成功者的投資原則

成功投資的最好方法就是把成功變成一種習慣。大部分的情況下，靠投資成功的人相當少見，從未投資過的人可能會很困惑，到底是什麼讓投資這麼困難？

例如，三星電子跟過去相比股價上漲很多，大型股中也可以發現很多股價都比過去上漲不少，但實際上投資成功的例子還是不多見，最重要的原因是市場波動，以韓國市場為例，過去十年間，股價不停上上下下，因此，確實很難獲得較高的報酬率。

美國股市則有明顯的差異。美國指數在 2008 年雷曼兄弟危機後上漲了數倍，投資人都很開心，特別是投資大型科技公司的人，獲得了非常高的報酬率。並不是因為美國人比較優秀，而是因為美國股市呈現穩定上升的趨勢，只要參與投資就能獲得可觀的利潤。儘管如此，在美國十年的牛市中，還是有不少投資人沒有任何獲利，甚至虧損。此外，與大盤的表現相比，專業經理人管理的主動型基金往往表現不佳。主動型基金在美國市場很難跟隨指數上升，總而言之，即使在看似繁榮的市場中，也很難確定誰是贏家、誰是輸家。

我之所以花這麼多篇幅解釋「安全邊際」和「複利的魔力」，是因為很多成功的投資人都採用了這個原則，雖然根據投資人的個性，投資方法會略有不同，但無論如何，堅持這些

原則的人，大多數都能成功。

　　成功最好的方法，就是盡可能地複製成功者的方法。 跟隨成功人士，盡快學會他們的方法，將方法內化。找到別人走過的路，順著路走，不僅容易，消耗的力氣也少，用較少的時間就能安全抵達目的地，最重要的是，能節省時間。在投資的世界裡，時間就是金錢，這就是為什麼華倫‧巴菲特會說：「投資越早開始越好。」我想再次強調，**跟隨成功人士的最大好處，就是能節省許多時間。**

　　有些人可能想自行開闢成功之路，並無不可，但這就像想獨自穿越叢林到達目的地，期間可能會經歷巨大的挫折，還有可能走錯路，等終於抵達目的地時，才發現一路上的這些經歷，幾乎與每個抵達終點的人都差不多，這就是為什麼我會反覆強調，最好的方法是學習已經屢次成功的投資方式。在投資的世界裡，時間非常重要，能否縮短時間非常關鍵，最快的捷徑就是快速複製已經突破困難、取得成功的人，另外，盡早開始也很重要。

　　如果想成為一名專業的投資老師，自身失敗的經歷可能對於教導學生會有很大幫助，這種人可能會希望能親自開拓道路，並體驗各種經歷，但是我並不推薦這種方法。

　　當然，失敗是使我們成長的最大因素，失敗往往能學習到經驗，並發現為什麼某些方法會成功，但如果先學習成功的方法，即使遭遇失敗，未來成功的道路也能走得更遠。因為能從

成功的經驗中，體悟到原來有更好的做法，不斷精進。

　　我見過極少數快速取得成功的人中，我可以很確信地說，他們幾乎都經歷過這樣的過程，他們身邊有很多優秀的投資人，因此會敞開心扉向這些優秀的投資人學習。在這方面，韓國優秀的價值投資人都很景仰和推崇華倫・巴菲特與班傑明・葛拉漢（Benjamin Graham），在投資之初就學習並掌握這兩位優秀投資人的方法，實際運用，取得成功。

　　因此，投資新手的首要任務，就是找到成功的投資人，並學習他們的投資方法。「在我十歲的時候，我把奧馬哈市圖書館裡所有的投資書籍都讀了一遍，其中一些還讀了兩遍。」華倫・巴菲特的這段話值得銘記於心。在多數情況下，如果沒有經過這個過程，只憑自己的想法進行投資，可能會經歷各種失敗，最終還是不得不找尋成功的投資人。

　　後文我會單獨用一章說明如何找到成功的投資人，並且複製他們的方法。投資新手現在需要想的是，如何快速找到學習對象，越早了解這些人是用什麼態度和方式投資，投資成功的日子就會越早到來。

　　正如第二章所說，一個聰明且自信的人之所以難以投資成功，是因為他們制定了跟成功者不同的標準，也不願意聽別人的建言，自己訂的標準也許有助於工作或生活，但卻可能與成功投資的標準相去甚遠。如果一味埋頭用自己的方法，可能要耗費數十年才能追上成功者的腳步，根據我的經驗，在這樣的

情況下，多數人會在成功之前就放棄投資。如果投資真的那麼容易，身邊就會充滿投資成功的案例才對。

有段名言說明了找到一位好的典範，並跟隨其道路的重要性。華倫·巴菲特在 1984 年哥倫比亞大學證券分析五十週年紀念會上講了一則故事——〈葛拉漢和陶德村的超級投資人〉（*The superinvestors of Graham-and-Doddsville*）。這段雖然有點長，但我想在這裡引用一下原文，因為成為成功投資人的捷徑就在這裡：

　　以下我將為大家介紹一批投資人。他們每年都獲得比標準普爾 500 指數更好的報酬率。他們的成功到底是巧合或運氣？這值得我們來驗證。首先，以下列舉的這些成功者都是我所認識的人，而且都是早在 15 年前或更久以前，就已是公認的優秀投資人，這一點非常重要，因為如果我是在今天早上才從幾千個名單中選出最成功的人，那以下的內容就沒有什麼意義了。再者，所有的投資記錄都有經過審查，而且我曾求證過，他們這些年來所取得的報酬，證實是真的。

　　介紹之前，先打個比方，假設現在舉辦一場全國性的「擲硬幣」遊戲，讓全美國人（當時約 2.25 億人）一起參加，每個人都以 1 美元的賭注開始。第一天早上，所有的參與者將會開始押注，猜對的人，可以贏得猜錯的人手中的 1 美元，輸的人就淘汰出局；第二天，留下來的勝利者將繼

續遊戲，但每個人都必須把之前贏來的錢全部拿來做賭注，如此一來，每過一天，就會有約一半的人出局，賭注也會翻倍；過了十天，則會有大約 22 萬人可以連續猜中十次，且每個人都贏得約 1,000 美元的賭注。

此時這群人，可能就會開始驕傲，也許會故作謙虛，同時也很可能會開始向異性炫耀自己的本事和超凡表現。

假設這一批勝利者繼續玩這個遊戲，再過十天，就會剩下 215 位優勝者，連續猜中 20 次硬幣，而且在整個過程中，從 1 美元的賭注翻倍到將近 100 萬美元。

這時，他們開始被勝利沖昏了頭，也許會出一本名為《我如何在 20 天內，用 1 美元賺 1 百萬》的書，並開始全國巡迴演講，教導人們猜硬幣的技巧。對於懷疑他們能力的學者，他們會說：「如果不是因為懂得技巧，怎麼會有多次成功的例子？」

這時，有些學者可能會不客氣地說：「就算我們找 2.25 億隻猴子來玩，也會得到一樣的結果，有 215 隻猴子可以連續 20 次猜對。」

不論如何，我接下來要介紹的成功例子，和上述情況不同。試想，如果你根據美國人口分布比例，從全國各地找來了 2.25 億隻猴子，經過 20 天遊戲後，有 215 隻勝利者，你發現這些勝利者中，竟然有 40 隻猴子是來自同一個小鎮的動物園，這時，你可能就會去這個動物園進行採訪，問管理

員平常餵什麼食物、猴子有沒有受過什麼特殊訓練等，也就是說，當你發現，許多成功者集中在一處時，就會開始尋找共同點，因為那可能就是導致成功的因素。

科學上的研究，通常也是遵循這種模式進行。比如說，你想要分析某種罕見疾病的成因，如果你發現，全國僅有的1,500件案例中，有400件是發生在同一個小鎮上，你可能就會開始研究那裡的水質、居民的工作性質，或其他各種因素，因為你知道，有400件病例集中在這麼小的範圍裡，一定不是巧合，雖然仍不知道疾病的成因，但至少知道應該到哪裡去找。

我要說的是，這世界上的人，除了可以用地理發源地來進行劃分，也可以用「知識來源」分類，如果你在「投資世界」裡進行統計，你會發現，有極高比例的成功者，都是來自「葛拉漢和陶德」這個小村莊，已經不能單純用巧合或運氣來解釋。

當然，在特別情況下，這種集中比例可能沒有什麼意義。例如，可能有個很有領袖魅力的人，擁有100個死忠支持者，在擲硬幣遊戲中，每次這個領袖開始押注時，所有支持者都會不假思索的跟著押同樣的注，如果剛好這個領袖成為了最後的那215位勝利者之一，我們就會看到成功案例集中在這100人集團的「知識小村」中，但這其實沒有什麼特別的意義，只能把這100個成功例子當作同1個。

　　同樣地，如果我們假設整個美國是由許多「酋長式」的家庭所組成，每個家庭都有 10 位成員。當全國 2.25 億的人開始擲硬幣時，每個家庭中的成員，都會毫不猶豫的跟著他們的父親押同樣的注。20 天遊戲結束後，你會發現 215 個勝利者只集中在 21.5 個家庭，有 10 位成功者來自同一家庭，難道這就表示這些家庭成員真的有「猜硬幣」的技能嗎？當然不是。因為實際上，我們有的不是 215 個勝利者，而是 21.5 個隨機的勝利家庭而已。所以，這種集中趨勢也是沒有意義的。

　　對於我所要介紹的這一批成功投資人，可以把他們看作是來自同一個「知識家庭」，而他們的家長就是班傑明・葛拉漢，但是這些成員已經離開家庭，各自以不同的方式來猜硬幣，他們分散到不同地方，各自買賣不同的股票，但他們同樣獲得成功，不能單純用巧合來解釋，我們也不能說，他們是因為遵循著一個領袖的指令，押了相同的賭注，他們的大家長只不過制定了一套「猜硬幣」的知識理論，而這批學生則是按照各自的方式，應用那套理論，做出各自的判斷。

　　這些來自「葛拉漢和陶德」村莊裡的投資人，擁有的知識共同點是，他們都在尋找公司的價值和價格間的落差，並從中獲利。當他們決定要買入某一家公司時，他們從不關心那天是星期幾，或是哪一個月份。既然買入一家公司不需要考慮星期幾或是哪個月份，為什麼有那麼多學者仍然花費大

量時間和精力研究？

這批葛拉漢和陶德的投資人，當然也不會關心有關資本資產定價模型（CAPM）或共變數等。事實上，大多數人，可能連這些是什麼都不知道，他們只關心兩個數字──價格和價值。

我一直都感到奇怪，為什麼會有那麼多有關價格與成交量的關係，以及各種技術分析，難道你會因為某家公司的價格上週剛被調高，就貿然買入嗎？現今之所以會有這麼多量價的研究，是因為在這電腦時代，我們可以輕易取得大量的資訊。這些研究只不過是因為我們有那麼多資料，而學者們就必須努力學習相關知識，即使資料沒有應用價值，但不去用就會有罪惡感，如我的一個朋友所說：「對於一個手握槌子的人來說，所有的東西看起來都像是釘子。」

我所介紹的這群來自同一知識家庭的投資人們，更值得大家去研究。奇怪的是，雖然這群價值型投資人身上已經顯示出那麼高的成功比例，目前似乎仍沒有學者有興趣研究他們的投資方法。

──〈葛拉漢和陶德村的超級投資人〉

從〈葛拉漢和陶德村的超級投資人〉中，可以看到成功的典範對於投資的重要性，這就是投資的捷徑。這群人抓住了一個好的模範，始終遵循模範給的方法，並將其內化成習慣，這

就是為什麼他們在長時間裡，能取得令人刮目相看的成果。我想給大眾一句話：「好好跟著走就對了！」

辨別誇大的吹牛者

邁向成功投資的道路上，我還是要苦口婆心的提醒，在許多人急於獲利的情況下，會出現大量錯誤的指南。前文提過，能夠真正稱為專家的人，是自行投資，長期經歷失敗和成功，最後找到自己的投資模式並堅持到最後的人。問題是在欠缺這些人的情況下，如何找到正確的人，我擔心大家輕信自稱是專家，拿著短期績效或模擬結果，就在大眾面前炫耀的人。因為普通人很難區分，也很難做出準確的判斷，所以無法找到合適的投資典範。這也是為什麼平常喜歡閱讀、不喜歡寫作的我決定要寫這本書。

之所以再三強調，因為投資是需要經過很長的時間才能成功的過程，但是有很多人認為一、兩次的成功就能保證未來的成功，而且成功是因為整體市場向上攀升，與自身的操作表現沒有太大的關係。因為大環境熱絡，即使是剛開始投資的人，也能說得好像自己很擅長投資。

投資充滿陷阱，因為從大眾的角度來看，要區分投資專家和吹牛者並不是一件容易的事，很多人都沒有意識到這個陷

阱，甚至自稱專家的人也往往不自覺地深陷其中。這種情況下，一般人應該怎麼辦？我希望你能記住：「不要太過相信周遭的人說的話，成功不是一次性的，透過不斷努力和累積取得的，才算真正成功。」如何區分一個人成功與否？我要再次回顧上一章所提到的內容，那就是實事求是，凡事應該以事實為依據。

投資世界裡的事實是什麼？其實就是成果。很遺憾必須這麼說，但投資世界裡畢竟還是成果最重要，而且不僅是一、兩次的成果，而是長期累積的成果。如果累積的成果是好的，也就是經得起時間的考驗，可以說這個成果是真實的，可能其中有一、兩年表現不好，但最終能透過時間證明。

還有另外一個可以參考的基準，就是將自己的績效與市場平均相比，如我先前所說，市場從來都不是靜止的，市場的結果不斷在變化，因此，我們只能用市場平均作為基準衡量，在這樣的市場趨勢下，能累積多少成果，就可以當作是否成功的標準。

如果你在價格翻了一倍的市場上獲得 50％ 的報酬率，這樣算是成功嗎？雖然沒有損失，表現也還不錯，但這還不足以稱作成功；另一方面，如果在市場下跌 50％ 的情況下，報酬率為 -10％ 呢？雖然有虧損，但這該被稱為失敗的投資嗎？因為有虧損，所以看起來像失敗，然而，在下跌的市場中，還能積極管理自己的資產，保護自己只受到 10％ 的損失，如果市場復甦，

不就能比別人恢復得更快嗎？當然，更可靠的評估還要去分析累積報酬率，但是不能將虧損一概視為失敗。因此，以市場平均作為基準，才是識別成功並衡量一名投資人績效的方法。

　　一旦學會了如何衡量投資是否成功，下一步就是尋找成功的投資人，這裡仍然存在一個問題，就是有不少人會把自己包裝成是成功的投資人。在金融業中，最難管理的其實是自己的資產，相反地，管理別人的資產通常相對容易，面對自己的資產時，不會隱藏自己的性格，個人的貪婪和自制力都赤裸裸地呈現，所以很難提高自己的報酬率。

　　因此，能否成功為自己獲得高報酬率，是判斷一個投資人成功與否的重要指標之一。但這是行業內互相忌諱的問題，部分原因是實際賺錢的人比例其實並不高，而且這些人所說的是真是假也很難區分，當然，吹牛是能透過言談發現的。問題是，你是否具備能夠區分真假的耳朵？

　　如何挑選成功的投資人？最好比較經理人管理的標的報酬率、過去十年的走勢和市場報酬率。因為經理人的實力越強，市場報酬率與自營基金報酬率兩者間的差距就會越大，再次強調，不能只是特定一、兩年內的報酬率。累積之所以重要，是因為能夠衡量出實力，而不只是看一次性的運氣。

　　這裡稍微做個整理，成功的投資人必定累積許多成果。一旦找出這些人，下一步就是跟隨他們投資的方法，下一節開始，將會討論成功投資人是如何取得成功的。我要再次強調，

學習成功投資人的習慣真的很重要，現在讓我們慢慢打開成功之門吧！

養成習慣，讓大腦熟悉投資

前文我們談到了導致投資失敗的大腦。人類大腦結構的基本運作，注定會投資失敗，那成功投資的方法是什麼？根據事實行動的人，會變得越來越挑剔，這說明了人必須改變現有大腦裡的運作模式，我們需要將傳統模式的大腦進行重新編程，用不同的方式工作。真的能夠做到這點嗎？

有一本跟自我學習、開發有關的書叫做《為什麼我們這樣生活，那樣工作？》（*The Power of Habit*），這本書的內容對身為投資人的我來說相當震撼。讀完後突然意識到「原來如此！這樣就可以改變大腦原本的運作模式！」這在實務經驗中也證明了這點。

透過書中舉的案例，我想談談如何應用到投資忠。作者查爾斯‧杜希格（Charles Duhigg）在第一章中說了一個很有趣的故事，是有關名叫尤金‧保利的 71 歲男人故事：

他突然得了病毒性腦炎，病毒侵入了他的大腦，造成了致命的傷害。陷入昏迷十天後，瀕臨死亡的尤金，在抗病毒

藥物的作用下從昏迷中甦醒，幸好體溫下降，病毒也被消滅了。雖然經過許多難關，不過恢復的過程相當順利，但大腦的掃描結果顯示出不對勁的地方。病毒破壞了顱骨和脊柱交匯處的一塊橢圓形腦組織。

然後尤金開始了各種奇怪的行為。

早上醒來後他會走進廚房，做一份培根蛋，吃完後回到床上打開收音機。但是四十分鐘後，他又再次起床做和剛才一模一樣的事，再走進廚房，做一份培根蛋，吃完後回到床上打開收音機，再過四十分鐘，他又會重複一樣的行為。

他失去了記憶，只剩下 60 歲前的記憶，之後的所有事，甚至剛剛才做過的事，他一點都不記得了。所有新的訊息都無法記超過一分鐘。

尤金搬到聖地亞哥後，發生了令人驚訝的事情。

搬家後的最初幾週，尤金的妻子每天都會帶尤金出去散步。每天的早上和下午，尤金的妻子都會固定帶著丈夫出門，在家附近繞一圈，而且每次都是走同一條路線。

當然，絕對不能讓尤金獨自行動，所以從來沒有讓尤金落單過，因為醫生曾一再叮囑，如果尤金迷路了，可能會永遠找不到回家的路。

某天早上，妻子還在換衣服的時候，尤金就獨自走出了前門。因為尤金有在幾個房間裡到處閒晃的習慣，因此妻子過了一段時間後才發現尤金不見了。那一刻妻子幾乎要崩潰

了，她趕緊跑到外面到處尋找，但是都看不到尤金的蹤影。附近的房子看起來都差不多，妻子怕尤金跑進了隔壁的房子，於是挨家挨戶的找，在每一戶門口不停按門鈴，直到有人開門為止，但是尤金都沒有在裡面，她沿著大路走，一邊喊著尤金的名字一邊尋找，淚水幾乎遮住了視線，她擔心尤金會不小心走到車道上，尤金有辦法跟別人說明他住在哪裡嗎？尤金的妻子在街上找了超過15分鐘後，她決定先回家打電話尋求警方的幫助。

當妻子開門進屋時，尤金居然坐在客廳看著電視！看到妻子淚流滿面時，尤金露出了困惑的表情。尤金甚至不記得離開過這間房子，也不記得自己去過哪裡，所以他不明白妻子為什麼要哭，這時，桌上的松果吸引了妻子的目光，那是她前段時間在鄰居家院子裡看過的松果，她走到尤金身邊，發現他的手上還沾著黏黏的松脂，此時，她明白尤金是一個人出去散步後回來的。尤金獨自在人行道上行走，並撿回了松果當作紀念品，重要的是，尤金知道回家的路。

之後，尤金每天早上都嘗試獨自出門散步，雖然妻子試著阻止，但卻阻攔不了他。尤金的妻子回憶道：「我求我丈夫待在家裡，但他很快就忘記了。我跟在他後面走了好幾遍，確保他不迷路，但他總能準確找到回家的路。」

——《為什麼我們這樣生活，那樣工作？》

　　從投資人的角度來看，這段故事相當有趣。對其他人來說，這可能是單純的腦科學故事，但對投資人來說，發人深省。這是因為，如果實際觀察許多成功投資人的行為，就會發現有某些習慣的模式。

　　即使大腦負責記憶的功能受損，曾經做過並養成習慣的行為，依舊能夠持續進行。

　　我在前文曾提到過為什麼人在購買冰箱或汽車時會仔細考慮，但投資時，卻不加思索地隨意做決定。其實從價格來看，投資需要的錢可能遠大於購買冰箱或汽車，為什麼人還會這樣做決定？

　　我認為，因為投資用到的大腦，是一個未使用過的區域，所以需要投入大量的精力來運行。當你嘗試使用大腦思考時，為了生存，大腦希望使用的精力越少越好，因此大腦會阻止你去使用腦中會耗費大量精力的區域，因此，與其運用大腦思考，不如憑感覺迅速選定目標，直接跳到決策的階段。如果有一個你認為比自己更好的人向你推薦，通常不用考慮太久，就會立即做出決定。

　　如果這樣的話，有人會問：「慢思考不僅限於投資領域，在面對新事物時不也一樣嗎？」

　　買冰箱前比較各家產品、買汽車時比較各種性能和規格，都是大腦的邏輯區域在運作，也就是慢思考的部分。其實從某方面來看，這樣說也對，經過邏輯分析後，才決定是否使用。

但需要分析比較的地方只有幾處，換句話說，雖然是運用邏輯思考，可是面對的卻是經常接觸的事物。

面對已經非常熟悉的事物，雖然需要分析但卻不用消耗太多能量，重新做已經做過的事自然比較習慣，習慣意味只需要較少的精力。在不知情的情況下，走上損壞或停止的電扶梯時，有一種異樣的感覺，搭電扶梯時是否有過類似經驗？會出現這種感覺，是因為現實的運作與大腦正在執行的模式不同。

本來應該要自動移動的電扶梯靜止不動，到把自動電扶梯認知為單純的樓梯，大腦中會感受到異質感，雖然如此，但由於這些都是經歷過的事，因此大腦很快就能適應。但投資是完全不同的領域，對大腦來說投資是什麼？就跟「開拓新大陸」一樣。

由於對投資領域感到陌生，而且每次投資的標的特點都大不相同，大腦必須消耗更多的能量，最終導致大腦進行迴避，因此，投資會比其他領域更難深入思考或分析，經常受到快速決策和倉促判斷的影響。但這並不是無法克服，只要習慣了，這個迴避模式就會逐漸變慢，但不可避免，每次都要付出很大的努力。

接下來是我想特別強調，與投資態度相關的一段故事：

習慣的形成是因為我們的大腦一直在尋找節省活動量的辦法。如果放任不管而且不給予大腦任何刺激，大腦就會將

日常所有的事情都轉化成習慣性動作。

　　習慣能讓大腦有時間休息，大腦節省活動量的本能對人類的生存是有利的。大腦的效率越高，所需要的空間就越小，頭部的體積就可以縮小。頭較小能使分娩更容易，從而降低分娩期間嬰兒和孕婦的死亡率。此外，由於大腦有效率地運作，能夠減少步行和飲食等基本活動所需的能量，並將多餘的精神投入到更具創造性的事中，例如製造刀具和建設灌溉系統。

　　最終，人類甚至發明了飛機和電動玩具。

　　　　──《為什麼我們這樣生活，那樣工作？》

　　讀這段的時候，我突然有個無厘頭的想法：「原來我的頭這麼大並不是一件壞事！」我這樣安慰自己，自己的大頭可能沒有想像的糟糕，總之，值得我們注意的部分如下：

　　大腦為了更輕鬆地運作，會將行為變成習慣。前文提到過，之所以感覺投資很難，是因為我們做得不夠多，這就是為什麼當我們進行投資時，會覺得很難，而且一下就感到疲倦。因此，一般人通常都不太關注自己的投資，換句話說，新手投資人要成為中級投資人，這段過程將會是漫長而艱難的，最大障礙就是大腦的天性，但是，如果能順利透過把投資分析養成習慣，就代表大腦已經為成功投資做好了充分的準備，進行投資時所需要消耗的精力也會比過去少很多。

越成功的投資人，投資時大腦的活動就越是習慣性地運作，而且也越容易獲得好的數據資料，一直到大腦養成習慣前，需要堅持不懈和不屈不撓的精神，但是當大腦習慣投資分析一系列的過程後，就像是從一條施工中的道路開上通往成功的高速公路一樣。

然而，我最近在上談話性節目時，從一般投資人身上發現了一個驚人的事實，就是一般投資人在研究投資時，經常會找錯門路。很多時候我在節目說的話，卻被聽眾理解成完全不同的意思，經常有人會根據自己經歷過的事，來詮釋我所說的話。

因此，我認為有必要談談如何讓投資成為一種習慣。畢竟，這個世界上因為染上壞習慣而毀掉人生的情況太常見了，像是習慣性抽菸或酗酒、習慣性遲到、習慣性暴飲暴食等。很多時候生活會因為壞習慣而走偏，而且習慣一旦養成後就很難改變，相信許多人都有過這樣的經驗。投資也不例外，不，應該說投資上的壞習慣更致命。

投資中常會看到一種習慣性的錯誤，就是把失敗當作習慣。前文已經多次提到過，最常見的情況就是聽從他人的意見進行投資，覺得別人看起來很擅長投資，而且似乎比自己更了解投資，於是就相信他人，並按照他人所說的方式進行投資。這其實就是大腦有效工作的證明。

是大腦在引導我們，認為這樣不動腦筋就可以賺到錢。如果遵循大腦的指導，不僅不能提高投資技巧，還會阻礙投資能

力的發展，因為建立了錯誤的習慣後，要改掉這個習慣需要花更多的時間和精力，何況在投資的世界裡，時間就代表金錢，在改掉壞習慣的事上浪費時間同樣是一種損失。

此外，最常見的不良投資習慣就是貪婪。在投資現場經常能看到這種情況，看中風險很大的標的，並習慣性地跟買大幅上漲的股票，這是出於本能的投資，而這些投資人幾乎不會有好下場。當指數持平的時候，對任何股票都不感興趣，但當看到指數迅速飆升時，就會變得異常興奮而大量買進，追高殺低，也是個注定失敗的錯誤習慣。

當然某些情況下，短期交易者只要透過分析飆漲的股票就能投資成功，但是一定要記住，找到投資的方法需要花費大量的時間和精力，我從來沒有見過一個投資人能在短期交易中取得耀眼的成功，即使短期交易成功，就像前文舉例的價值投資方法，基本上仍然需要投入大量的精力和時間。

重要的是，有必要澄清投資並不是一項非勞動收入。當然大家都希望說出「我隨便投資就賺錢了」這樣的話，但在韓國金融圈中很難找到這樣的案例。韓國過去二十年來也歷經了好幾次難關，但首爾都市圈的房地產一直是呈現上升趨勢，所以賺錢並不困難，很多人覺得只要投資，錢自然就來了。

房地產投資中最重要的是要存到投資的資金，將錢存起來投資房地產就能夠投資成功，透過投資房地產獲得豐厚的回報，在房地產市場中，能學會為了繼續投資而忍住不花錢的投

資心態。很多人認為金融投資是房地產投資的延伸，但實際上金融投資並非如此，持有的心態也大不相同，很少有其他領域像金融市場這樣，需要在初期就投入大量的精力，而且初始時期的回報並不高，想要得到充分的回報，需要比預期花上更多的時間和精力，等到累積超過一定的門檻時，獲得的回報會呈指數級成長。我想再次強調，投資絕對不是非勞動收入，認為投資是非勞動收入的人，也絕對很難有好的成果。讓我們回過頭來談談如何培養成功投資的習慣。

　　培養投資習慣是將模式放入大腦裡的過程。就像半導體製程中，根據模式堆疊一樣，當大腦完成模式化堆疊時，就培養出了成功的投資習慣。

　　我們將在後文探討建立模式化的方法。模式化是有規律且持續性地更新，有把思維方式模式化的方法，也有把生活方式模式化的方法。

　　接下來簡單看一下，一般投資人應該養成哪些習慣：

基本習慣

- 定期檢查利率情況
- 持續了解聯準會最新的動向
- 不斷更新匯率、油價和原物料的價格走向
- 了解國內和全球的經濟成長率

日常習慣

- 密切關注報紙上的經濟動態
- 不斷關注政府經濟政策的方向
- 透過 YouTube 等平台，密切關注科技的最新發展

透過實際投資養成習慣

- 必須不斷更新標的公司的資訊
- 要比其他人更了解想要投資的公司
- 定期並重複探訪公司企業，無論是透過電話或親自拜訪

業界人士工作的習慣

- 每天閱讀自己感興趣領域的最新研究報告
- 一定要仔細閱讀大量的產業分析

改變想法的習慣

- 必須持續想像未來會如何發展
- 思考自己的消費行為與投資有什麼關係
- 思考多數人討論、聚集的領域，是否與投資有關
- 查看某議題時，思考如果套用在投資上會如何

　　此外，大腦需要習慣的事很多，把這些事項培養成習慣並不容易，一旦養成習慣，就會變成能賺錢的習慣，這給我們打了一劑強心針，原來世界上還有能賺錢的習慣！希望你能記住

前述這些能賺錢的習慣。收聽跟經濟或投資相關的熱門 You-Tube 頻道也能被動地給大腦提供燃料，要記住一件事，與投資相關的習慣累積得越多，投資的高速公路就會越寬敞、越順暢，能更快速的行駛。

到底應該要聽從誰的話來養成投資習慣？

聽取周圍的人意見時，要傾聽成功人士所說的話，重要的是將他們說的話內化。成功人士說的話還沒有內化前，投資成功人士所管理的基金或產品也是一個很好的方法。當然最終仍需要經過許多過程，把知識變成自己的，在這樣的情況下，傾聽他人的意見可以轉化為投資上的收益。如果聽到其他人說什麼東西好，就應該根據事實去驗證是否是真的好，並且應該親自分析相關的行業和公司。

成功人士中有一些非常著名的投資人。華倫・巴菲特、彼得・林區（Reter Lynch）等都是公認的成功投資人。這群人所使用的方法顯然是成功的，最重要的是需要建立一個好的模式，並透過不斷努力將其成為自己的習慣。**成為一名成功的投資人，不是取決於能否抓住一檔成功的股票，而是看能否持續保持成功的態度，並培養成習慣。**

成功的投資人幾乎都有自己的投資方法和模式，而且這些都是養成的習慣。當然也有不具備好的投資習慣，光靠短期運氣投資成功的案例，然而只要發生超出市場預測，或出現出乎意料的狀況時，就會受到嚴重的打擊而崩潰。

必須記住一點，即使過去在投資上曾經取得過成功，但如果沒有養成行為和思維模式上的習慣，在碰到危機的時候就很容易動搖。將好的模式化作習慣的投資人，即使經歷了超出預期的損失，只要不過於急功近利，隨著時間流逝肯定能再次取得成功的結果。

讓我們來看看成功投資人身上所發現的一些習慣。當然，成功有很多不同的方程式，所以這裡我會嘗試著從大框架裡找出共同的部分來說明。

投入時間，內化知識

遇到投資成功的人並與之交談時，常常會令我感到驚訝。因為他們簡直是無所不知。當然，每個人的功力都不一樣，培養實力的方式也略有不同，然而，他們的共同點是都對自己所投資的領域非常了解，他們的知識儲存池深且廣，這也意味著，他們投入了相對大量的時間在投資中。

另一方面，經常有所謂的專家或被視為專家的人，在不知不覺中變成了騙子，這就是這一行的現實，正如我之前提到的，許多靠運氣而成功的人，往往認為他們的成功是憑著自己的實力。這就像會開車的男性中，有許多人認為自己的駕駛技術比其他人更好，以及大學教授中，有大多數人認為自己的教

學技巧比其他人更好的情況相同。

市場上漲時要獲利實際上需要不少的運氣。當然，投資的時候運氣非常重要。即使仔細地分析後才做出選擇，如果市場沒有朝著預期的走向發展，就只能自認倒楣。雖然投資的方向可能是好的，不過選錯標的，惡運還是隨時會發生。

只要累積實力，也能影響運氣。但是，中了發財運的人往往覺得自己是靠真本事，所以經常有人說自己是行家，但是當市場朝向相反的方向發展時，累積的成果一下就灰飛煙滅，然而，隨著時間流逝，真正有實力的人和專家們的績效，始終能夠跑贏市場。一、兩次的幸運或是不幸雖然有可能發生，但是長時間累積出許多好成績的人，才是能真正被稱為專家的人。不幸的是，市場上有很多自認為比別人了解得多，自稱是專家的人。

一般人常常認為所有在金融圈工作的人都是金融專家，但事實並非如此。金融行業似乎更喜歡服務態度良好的員工，而不是試圖培養金融領域的專家。但是，從客戶的角度來看，在得到良好的服務時就會覺得對方是專家，而不是透過嚴密的大腦分析來找尋真正的專家。老實說，在許多專業的證券公司中，我其實沒有看見很多真正擅長投資的專業人士。

相反地，在散戶或全職投資人中，往往可以找到不少真正成功的投資專家。我對為什麼會發生這種現象感到非常好奇。根據現場遇見的許多投資人所觀察到的，我發現他們之間的區

別在於有無「迫切感」。另一個不同的地方是「是否感到有趣」，這兩個強大的動機是成為真正專業人士的重要因素。對投資成功的強烈渴望會轉化成迫切感，這種迫切的心理，能夠讓人克服前面所討論到的各種投資上的障礙。

在正常情況下，大腦裡的障礙和人類的惰性會妨礙投資的進行，但對投資成功的迫切感會使一個人勤奮並不斷努力，正是這樣的過程能使一個投資人成功並進一步成為專家。那些認為投資很有趣的人會投入更多的時間在投資上。正如玩有趣的遊戲或追劇時感覺時間過得飛快，一個在投資中找到樂趣的人，會花費相當多的時間在投資上面，注意力總是朝著投資的方向，所以這樣的人自然能夠成為一名成功的專業投資人士。另外我再補充一點，那就是對自己有「信心」。歸根究底，投資畢竟是一個從自身出發的遊戲。

如前所述，當一個在投資中找到樂趣的人，遇見了一個成功的投資人時，就會產生巨大的協同效應。具有「迫切感」和「感到樂趣」，這些特徵使他們花費大量時間在投資上。當然在投資領域也同樣適用法則，做的次數越多實力就會越好。想在投資上變強的最好方法就是花大量的時間在投資上。

這裡我花一點時間講述麥爾坎・葛拉威爾（Malcolm Gladwell）在《異數》（*Outliers*）這本書中所提到的一個故事。

加拿大是一個被全世界稱作冰球故鄉的國家。就像韓國人喜歡足球、棒球和羽毛球一樣，成為加拿大冰球國家代表隊的

一員是加拿大所有年輕人的夢想。

麥爾坎・葛拉威爾分析了加拿大冰球國家隊後，公布了有趣的結果。在冰球國家隊中，絕大多數的選手都是在 1 ～ 6 月出生，8 月後出生的選手非常少，為什麼會出現這樣的情形？

他的結論是，對於一個剛開始打冰球的學生來說，是從 1 月開始打冰球和還是從下半年開始打冰球，有著天差地遠的區別。每年各校都會選拔代表，而早幾個月開始練習，那些練得比較多的學生當然會打得更好，最後不可避免地影響了國家隊的選拔。

這是一個非常有趣的分析，這個故事給人的啟發是，投入大量時間的人，更有可能成為專家。當然投資也是一樣的道理，著名的一萬小時法則同樣適用在投資上，然而，投資領域與其他東西有顯著的差異，就是很多人對投資懷抱著錯誤的認知，要記住，只有擺脫這些錯覺，才有可能進行「時間投資」。

最近，包括 YouTube 在內的各種 OTT（over-the-top）*頻道紛紛出現，透過這些平台，我能夠與聽眾進行雙向交流並聽見聽眾的聲音。對於一般人來說，這些頻道上的對話是很難理解的，所以光是收看內容對他們來說就已經是很好的學習。觀看這些頻道是投資習慣的其中之一。我想強調的是，這只不過

---

* 透過網路直接提供觀眾串流媒體服務。

是眾多習慣裡面的其中一種。但是，有時候有人會認為僅僅透過聽就可以學到很多東西，這是一個錯誤的認知。

如果透過閱讀書籍並完成關於投資的研究，可能可以成為投資界頂尖的教授。教授這個職業讀的書比任何人都多，許多人認為讀書多、研究多的人自然在投資上會有不錯的成績。但是，正如我們在前一章中所提到的，投資的世界裡天才很難占有一席之地，在長期資本管理公司的事件中，一群天才聚集在一起反而產生了歷史上最糟糕的結果。

雖然看書或者看 YouTube 都能算是一種學習，但是關於投資方面，就得用適合的方式進行具體學習。如果一個人讀了很多小說，他的焊接技術會增加嗎？文化涵養和技術間存在著明顯差異，當然，文化教育能使一個焊接工人產生良好的自我認同感，能讓焊接工人的生活更加充實和充滿意義，但技術終究只能透過學習和練習來發展。投資也是如此。

投資是一種技術。投資相關的書籍裡，許多人都在談論投資哲學。有很多人說投資是一種哲學，但是我並不這麼認為。我認為「投資是一種技術」而不是哲學。儘管投資中體現了各種思維模式、思考結構以及閱讀世界的哲學觀，但在最後實行的層面中，投資仍舊是一種技術。

哲學對許多人來說是一種困難的概念，在知識的世界中帶著稀有性的特質，這種稀有性在某些情況下被認為是代表高尚。因此，「困難的投資」和「困難的哲學」這兩個詞很容易

被連結在一起，而出現了投資哲學這樣的用語，這只不過是一個部分正確的概念。

本書談到了大腦是如何運作，也談到了我們需要改變思維等各式各樣的內容。在必須改變思維方式的相關部分，可能跟哲學有一些相似。然而，投資只是對思想加工和運用，與探討人跟世界為何的哲學問題，方向是截然不同。

投資不是一種哲學，而是一種技術和技巧，必須牢記這一點才能夠更深入地進到投資的世界。

因為投資是一門技術，只要不停磨練，就會有進步，最後就可能達到成功。很多人沒有理解這點，嘗試了一、兩次後就半途而廢，他們接觸投資的心態往往就跟刮彩票沒什麼兩樣。試想，當某個人拿起焊槍進行焊接時，有可能第一次就焊接出一艘很棒的船嗎？韓國造船業最大的競爭力不就是造船廠工人的焊接能力嗎？技術不是一夜之間就能練就的。投資也是這樣，只有透過磨練、反省、活用，經過無數的失敗和挫折，保持耐心和勇氣並不斷挑戰，才能夠取得成功。

技術這個詞只有加上特定的領域才別具意義，因此投資技術也蘊含了這樣的意義。透過聽廣播、讀相關書籍，能夠增加對世界或投資方面的理解，但卻不能增進投資技術。了解市場和經濟結構，是非常有意義和必要的過程。對這些部分的了解會使技術變得更有價值。但是，實際的投資報酬率並不是取決對市場整體了的解程度，只有理解特定公司和基礎資產的詳細

資訊，才有可能獲得高收益。

　　當然，在整個市場崩潰的情況下，了解產業是有意義的。透過觀察市場的整體結構來決定在大環境下，採取保守還是積極態度，決定策略的過程也具有相當大的意義，了解市場有助於提高報酬率，但一般投資都是針對單一標的，在投資單一標的時，必須對該基礎資產有深度的了解，才能獲得成功的投資成果。

　　我遇到的很多成功投資人都對基礎資產有非常深的了解，他們對這些基礎資產的了解非常廣泛和深入，尤其對個別企業的了解更是高。成功的投資人有個共同點，關於這些公司他們累積了很豐富的知識。重要的是知識的池子要夠大，這樣的知識儲存池，是根據自己的標準量身打造。光是蒐集其他人談論的內容，可能只會成為訊息的垃圾堆。

　　成功投資人通常會按照自己的標準研究各種情報訊息，並且把投資重點只放在符合自己標準的公司上面。在自己的頭腦裡建立數據庫對大量訊息進行分類和存儲，並在需要時進行檢索，這是投資成功至關重要的技術。

　　只透過收聽廣播被動獲得訊息，是很難學到技術。對於消息多加思考，整理現有的訊息並消化，是必要的過程。總之，經過「自我消化」後，離成功就又更近一步。

　　《金錢戰爭》（*Billions*）是一部有關投資的迷你美劇，對投資人來說是一部很有趣的美劇，因為透過劇情能了解美國的

對沖基金。劇中有一幕場景令我印象深刻。

當成功的對沖基金 X Capital 被檢方調查時，有三位基金經理人離開了公司，另外成立了一家新公司，甚至還帶走了一些客戶。X Capital 的老闆對此憤憤不平，於是透過跟三人關係密切的經理，洩漏假的情報，三人根據錯誤情報投資後，經歷了慘痛的失敗。X Capital 的老闆透漏的消息是之後他將會接收公司的股份。

我在看劇的時候心想：「這就是一般人對專業經理人的看法和形象！」其實想像和現實的差距還是滿大的。雖然劇中的故事的確有可能在現實生活中出現，但成功的經理人無論聽到什麼樣的訊息都不會那麼容易動搖。一個光憑別人所說的話就行動的人，很難被稱作專業的經理人，用這種方式投資的人，遲早有一天會在這個市場上遭受重大的失敗。

無論某人提供的訊息多麼值得信賴，但若是不符合自己訂的投資標準時，最基本的方式就是不要進行投資。然而，正如劇情一樣，一般大眾似乎常誤解，以為專業投資人之所以成功，是因為他們獲得很多好的情報，但其實是種錯覺。靠這種方式獲得的利潤是否能持續維持？很有可能在下個波動來臨時就垮了。

運氣在投資領域裡很重要，雖然好運能夠帶來好結果，但好運是不可能永遠持續下去的。再次強調，投資的成功之道不是靠運氣，而是靠擁有的實力，以及積極培養投資技術的態

度。而培養技術的方法，就是靠不停地努力，累積大量知識。

　　大多數投資成功的投資人都經歷過大量學習的過程，也因此提高了投資技術。技術高超的投資人沒有什麼需要擔心的，只要有足夠的時間，最終一定會得到好的結果。

　　希望你能牢記，一個人的實力可以說是由技術的高低決定的。技術各式各樣，被稱為大師的人都有自己獨門的技巧，他們懂得善加利用，取得豐碩的投資成果。

　　成功的投資人有一個共同點，就是他們知道如何控制自己的貪婪。就像比賽的選手會不斷克制自己，力求取得好成績；同樣地，投資人也要努力控制自己的貪婪。

　　另外，要根據自己的喜好進行投資。有些人喜歡冒著風險進行投資；有些人則非常討厭風險，只要微薄的獲利就感到滿意，盡力避免損失的可能；還有些人透過止損等方式來管理自己的持股。在這些不同的投資態度中，仍然可以觀察有一些共同點。就是對市場的走向時時保持警覺，並且始終抱持著反思的態度進行投資。

　　在本書最後會認識各種高手，可以透過他們的方法來檢驗自己的投資喜好。

　　總而言之，投資成功的人有獨到的技術和自己的知識儲存池，他們投入了大量的時間和精力，並且能夠享受這樣的過程。無時無刻都對投資感興趣，而且付出了許多努力的人，遲早有一天會成功。

　　投資不是靠天賦，而是自我磨練和奮鬥的過程。就像一名跟隨陶藝大師學習的弟子，未來也會成為陶藝大師一樣，如果跟隨到好的投資榜樣，並且努力不懈，總有一天也能夠成為投資專家。透過種種挑戰，才有可能成為一名投資專家，所以我才會在本書的開頭就提到，即便在過程中會經歷到各式各樣的困難也絕對不要放棄。

　　在投資上取得成功最快的方式就是找到一位好的導師。

　　當你遇到一位偉大的導師，就要盡可能複製他的行為策略，這就是成為成功投資人的最快方法，如果能記得這點，那麼本書就算完成使命了。閱讀過本書的人，只要能牢記這一點，就像擁有一座金礦一樣，這就是我一再強調這點的原因。

　　投資界有很多專家，有著名的導師，也有隱遁的高人。不幸的是，韓國有很多高手選擇隱居起來，我見過這幾位大師，想把他們介紹給大家，但幾乎都被拒絕了。原因是他們不想要自己的名字被別人提來提去，而且一旦被人知道了可能會惹上許多麻煩的事情。對於已經步入成功投資行列裡的人來說，似乎沒有必要也沒有理由做出這樣的選擇。

　　另外，高手們的回答通常很簡單其實沒有什麼特別之處，除非你詳細而準確地問他們，因為他們只是制定了自己的規則並忠實地執行，所以，即使他們走出幕後講解自己的故事，對於聽者來說，可能也會很無聊，很少有讓人印象深刻的內容。

　　在結束這一章前，雖然不適合新手投資人，但我想為那些

在投資上已經成熟到一定程度，並且擁有信心逐漸加大投資，慢慢看見成功的人多說幾句話。這部分不適用於連零用錢都賺不到的新手投資人。

累積技術到了一定程度，並且連續有好成績的投資人，將會進入快思考的階段。隨著成功經驗的不斷累積，將會知道哪些基礎資產適合自己，並且會明白何時該出手，以及該如何賺錢，當遇到適合的機會和目標時，身體就會自然做出反應。總之，技術會升華成直覺，做投資決定時就不再需要花很長的時，逐漸從慢思考進入快思考。需要再次提醒，這一切都是透過訓練不斷進步的過程，而且這樣的訓練需要花很長的時間。

在進入複製高手方法的章節前，請先稍微靜下心來，因為在認識高手之前，需要先了解遊戲規則。就像是拜師前必須要先了解師父的強項是什麼，以免拜錯師父。對投資已經很熟悉的人，可以跳過下一章的內容。

接下來，讓我們一起學習規則，見見市場上的專家吧！

第 4 章

投資前要有的基本知識

市場的基本規則 —— 利率

金融市場中，最基本的規則就是利率，就像棒球比賽裡有雙殺，足球比賽有越位一樣。

應該很多人一聽到利率就會感到恐慌。雖然利率的概念經常聽到，但感覺卻像是陌生又難理解的天書。

可以肯定的是，如果不理解利率的概念，最好不要貿然投資。在不懂利率的情況下進入金融市場，就像是穿著棒球服比賽游泳，或是在高爾夫球場拿棒球棒揮桿一樣。利率是最基礎、核心的規則，不研究利率就投資，如同提著汽油衝進火場。

利率不僅是基礎，更是遊戲規則，如果不了解規則，遊戲就不可能玩得起來。事實上，問投資人：「利率是什麼？」就像是問：「喝湯要用湯匙還是筷子？」

書中主要說明的內容，都是投資的基礎，希望讓剛接觸投資的人也能輕易讀懂。為了方便理解，我會盡可能用簡單易懂的方式解釋，因此某些表達方式可能會不夠精確，還請見諒。如果還想更深入了解利率，建議可以再去閱讀相關書籍。

第一章提到投資獲利需要具備的心態。擁有賺錢的利器前，必須先準備堅不可摧的盾牌。養成良好的投資習慣需要足夠的耐心和持有現金。

第二章提到，投資時，人類的大腦常常會幫倒忙，因為大腦的運作方式本來就與投資領域不合。

　　第三章討論了應該如何應對大腦的反應，以及成功人士是如何刺激、活化大腦。如果能清楚地了解或至少能認同書中的內容，將這些內化，就表示已經具備投資的基本態度。只要投資的心態正確，就會引導你做正確的投資，且帶來豐碩的成果。擁有信念並堅持不懈的人，一定會有好運的。

　　理財時，了解金錢真正的價值是一件非常重要的事，利率就是金錢的價格。不幸的是，有很多人甚至不知道金錢的價格，就妄想靠著投資來賺錢。實際上，這並不是一般人的錯，因為一般人光是工作就已經非常忙碌跟辛苦，再要求他們去研究如何投資賺錢是非常困難的事。如果能夠靠公募基金自行增加資產就太好了，可惜這些方面還不完備。因此，對金融一無所知的人，常常直接就進入市場，為了成功硬著頭皮讀了一堆根本不合適的書，實在令人感嘆。我創立的「股票量角器」頻道會繼續努力，希望能設立國民基金，或是建立一個以國民利益為目標的有限公司。再回過頭來談利率，若是連貨幣的價格都搞不清楚，就想賺錢，就跟文盲想要讀懂小說差不多。

　　金錢的價值究竟是什麼？錢既然可以用來買東西，難道不能衡量價格嗎？這是指金錢被用作交換媒介時的情形，而我們的目標在於金錢本身的價格。也就是說，當我向別人借錢時能夠借到多少錢，才是更接近金錢價值的概念。父母與子女間，或者親密朋友間借錢時，可能不用計算利息，但如果向他人借出或借入一筆不小的數目，則需要支付相對應的代價，這個代

價就是利息，利息的基準則稱為利率。利率通常是根據借款人的可靠程度來決定，銀行稱作信用度。

　　例如，如果你身邊有個朋友從小誠實勤奮、工作勤勉且家庭美滿，年輕時曾經借過少量的錢，也都如期償還，如果有天他突然有急用向你借錢，你願意借給這個朋友嗎？如果是這樣的朋友，你可能會願意先聽聽情況，合理的話，應該會願意借給他；相反地，如果是從小個性就很莽撞的朋友，為了滿足自己的欲望揮霍無度，有天他突然說自己生活困難，要向你借錢，你會作何感想？也許會抱著借完這次就不再連絡的心態借錢吧？如果這個朋友要借的金額很高，很有可能乾脆不理他，直接把電話掛了。

　　因此金錢的價格從根本來說，是一個信任的問題。以國家的角度來看，假設有個一無所有，但人民充滿熱忱且具有發展潛力的國家，如果借款利率高，難道別的國家不會想借錢給這樣的國家嗎？當然，像美國這樣看起來永遠不會敗落的國家，即使利率不高，可能也有人很願意借錢給他；相反地，如果一個以前從未聽說過的偏遠國家要借錢，恐怕就得收非常高的利息，或是對方有石油或金礦做擔保，若沒有可靠的擔保物恐怕很難借貸，即使有擔保物，在低利率的情況下也很難成功。

　　這種差異取決於信用評等，也就是產生利率差距的基礎。信用評等是過去行為累積的結果，企業界也是如此。但關於利率不只如此，如果所有利率都是藉由過去的行為來準確計算並

決定，看起來就非常有條理，但有一個問題，就是過去的行為並不能完全代表未來，僅靠過去的行為預測未來是有局限的。資本主義創造出利率制度，而資本主義的基礎是「欲望」和「成長」，兩者很容易連結在一起，形成對成長的欲望，這也是資本主義相當鼓勵的態度，有時也會作為衡量成功與否的標準，渴望成長也會促使投資人使用更多的槓桿。

經常看到，因為借貸容易且利率不高，許多人借錢來花，因此才會發生 2002 年的卡債危機。街上隨處都可以申辦信用卡且申辦容易，辦卡後還可以拿到許多贈品，有了信用卡，就能想買什麼就買什麼，結果就產生了大量的不良債權人，這是發生過的慘痛教訓。當借錢變得容易時，大量消費就會成為普遍的趨勢，此時，大量貨幣在社會上流通，對從事經濟活動的商人和企業來說，這是發展事業且容易賺錢的機會。事實上，大量的金錢釋出時，就能刺激經濟，所有人都有機會賺到錢，但也存在許多問題。

借錢容易且利率也很低的時候，購買汽車或房子時，猶豫時間就會減少，換句話說，市場上流通的貨幣會更多，且頻繁地流動，當貨幣供給增多時，就是景氣好的時候，也是所有人希望的景象。

問題在於，這樣的時光不會永遠持續下去。當未來被預測為景氣良好時，人們會為了抓住機會，製造大量可以在未來出售的產品，為了製造大量產品，就得擴大工廠並購買更多材料；

但當每個人都有電視、冰箱、汽車和洗衣機等，就不需要更多產品，這時，原本要銷售的產品就會變成庫存，產品賣不出去，成本就無法回收，而且仍得支付製造產品的材料費、擴建工廠的建造費，當產品賣不出去時，所有的金流就會被堵住，這種情況在社會大規模發生時，就會形成「恐慌」。

資本主義社會中，這種恐慌會周期性的發生，當恐慌情況嚴重時，執政當局就會被憤怒的人民替換掉，更甚者還會發生動亂。為了防止過度繁榮和恐慌的情況發生，政策制定者都希望能穩定的控制經濟。資本主義世界裡最有效的方法就是調整利率。

由此可知，調降利率是為了刺激經濟發展；提高利率則是為了防止經濟過熱。

然而，實行的過程並沒有聽起來那麼容易。前文提到，景氣好的時候，人人都很開心，一旦出現恐慌，人們的生活就會變成一團糟，政治也會受到影響。執政者如何應對，成為非常重要的變數，執政當局當然希望人民能一直有錢賺，問題是恐慌什麼時候會來沒人知道，如果能準確預測的話，就能降低衝擊。沒有陷入恐慌的國家，當然會想透過不斷降低利率和流通大量貨幣，創造一個景氣好的環境。

不過還有一個棘手的問題，2010 年 iPhone 問世後，無形產品的市場快速成長，價格戰正式開打。產業模式快速「網路化」，新技術造成商品的價格持續下跌而不是上漲，形成一種

通貨緊縮。

　　隨著 AI 發展，所有生產線的生產效率將會提高，生產成本將大幅下降，過去的通貨膨脹原理現今已不再適用。此外，產業急速重組，貧富差距將會擴大，這種現象將會變得越來越普遍。

　　這樣的情況下，利率的調整喪失了依歸。現實情況變得非常複雜，因為過去認定的利率標準，特別是中立區域，變得相當混亂，但是，作為一名投資人，我們必須了解，利率終究是控制資金量最有力的工具，並且要記住，利率是確定社會收益率的強力工具。如果從企業的角度來看利率，可以說就是一種收益率。

　　分析一家公司時，營收、利潤和投資報酬率非常重要。如果一家收益率 30％的公司和一家收益率 3％的公司比較，要投資哪一家，答案應該非常明顯。利率決定了整個社會的收益率。然而，社會的收益率與利率的變化方向相反，當利率上升時，社會的收益率就會下降；當利率下降時，社會的收益率就會上升。

　　身為一名投資人必須要記住這點。當利率上升時，就得在投資報酬率較低的環境；當利率下降時，則必須投資報酬率較高的環境。必須牢牢記住利率是如何制定的，以及聯準會對制定利率有強大的影響力。

　　利率是決定經濟方向的重要因素。如果你還是名投資新

手，只要能記住這點，本書就已經產生很大的幫助。

利率的絕對至尊 ── 美元

前文討論利率時，比喻為遊戲的規則。本節中，我將更進一步討論遊戲的基本要素。

就像足球比賽有很多規則，但踢球時有一個最重要的東西，就是那顆足球。事實上，足球比賽的規則可能因地區而異，但是很難想像一場沒有足球的足球比賽。

小時候我經常打花牌*，雖然現在已經不太喜歡打了，但老一輩的人過去在節日時經常會聚在一起玩，有玩花牌的人都知道，花牌的規則會因人、地而異，但有一件事不會變，那就是使用塑膠製的花牌。花牌之所以被叫作花牌，關鍵要素就是牌本身。

本章我將會討論利率的關鍵要素 ── 美元。美元在金融市場擁有至高無上的地位，讓我來簡單談談美元是如何達到現今的地位。

兩個世紀以前，美元的影響力還沒有現在那麼大，眾所周

---

* 韓國傳統的紙牌遊戲。玩法類似撿紅點，發牌的人為莊家，逆時針發牌，先翻牌在中間，要將手上的牌與檯面上的牌配對，以獲得點數，點數多的人勝。

知，英鎊過去曾經是最強大的貨幣，英鎊之前是荷蘭盾，更早以前是西班牙銀幣。美元是從戰後才開始在世界的中心登場，第一次世界大戰後，美國成為世上最強大的國家，美元開始成為主要貨幣；第二次世界大戰後，美元成為了穩定的國際通用貨幣。在越南戰爭後的 1971 年，布列敦森林體系 * 被破壞，美元被提升到絕對貨幣的位置。

這裡是不是有人發現了一個奇妙的共同點？那就是美元成為強大貨幣的過程中，每個階段都會發生戰爭。每次戰爭之後，美元就變得更強。

這裡先了解一下關鍵通貨（Key Currency）的性質。要想成為世上最強大的關鍵通貨，就必須先打造最強大的軍事力量。從歷史學到重要的一點，就是美元是權力的總和，如果想成為關鍵通貨，也就是換匯的基準，國家本身必須要站在最高且最穩定的位置，關鍵通貨是立基在世界權力的頂端。

腦海突然浮現過去的記憶。上大學時前幾屆的學長姊，是1980 年後韓國參與學生運動最踴躍的一群，最主要的口號之一是「洋基回家」，對年輕人來說，這的確是一個令人血脈賁張的口號，但是，等到年紀大了，了解美國人持有關鍵通貨的地位後，才發現光是血氣方剛難以解決問題。

---

* 1944 年 7 月在美國布列敦森林建立的國際貨幣體系。各國協定每盎司黃金固定兌換 35 美元，其他國家的貨幣則跟著美元匯率。

　　北韓迫切地希望與美國展開會談，再次證明了美國作為關鍵通貨國家的地位。對整個世界局勢的走向，每個人可能會有不同的看法，但在金融方面，目前為止還沒有其他異議，舉例來說，即便是人口超過 15 億的中國，與美國發生紛爭時也多有顧慮。

　　美元之所以強大的另一個重要關鍵和石油有關，我平常講課時偶爾會提到這一段話：「文明是由什麼構成的？文明就是由人和能源所產生的。」人類是有智慧的生物，但卻缺乏力量，但人類懂得運用智慧來增加力量。過去停留在利用牛、馬等動物的力量，或者利用自然界產生的風和水等能源，到了近代，人類學會了運用熱能，熱能的來源從煤炭轉移到石油，並且正逐漸往先進的電能轉移。透過熱能獲得的強大能量，使許多過去認為不可能的事情變成了可能，目前最重要的能源——石油，是以美元進行交易，這也是美元成為關鍵通貨的重要因素之一。

　　儘管電能的地位逐漸攀升，但目前石油仍然是主要的能源。我可以預測，如果能源的重心完全轉移為電能，並脫離對石油的依賴（雖然在我有生之年應該不可能），整個世界將會再次發生巨大的動盪，因為近代史上掌握能源霸權的國家，就能奪取世界的霸權。

　　回到正題，美元成為了貨幣的基準，掌管了文明的中樞，從表面上來看，似乎只是貨幣上的影響，但其實足以影響全球

資本市場，畢竟，在不了解美元的情況下進行投資，就像踢足球時沒有球，玩花牌時沒有牌一樣。再次強調，美元目前的地位不能光從貨幣的角度來看，因為這是全球軍事力量的分布，和貿易協議所帶來的結果，美元是權力頂端創造出來的標準，所以須先理解美元，才能了解金融市場。

當人們談論經濟時，有時會從現今所處的位置來解釋一切，之所以不符合真實的世界，是因為人通常都缺乏對自己處境和真正權力中心的了解。當然，1970 年代和 1980 年代出生，曾親身經歷過 IMF 危機的人都知道，美元有多麼強大，應該無須多做補充。另外，近年來美國占金融市場總交易量中的份額不斷增加，金融衍生商品市場迅速成長，美元供應量也不停增加，以美元為基準的金融市場，貿易量不減反增。

現實的投資世界不斷驗證，全球資金的流動會根據美元發生顯著變化，因此，了解美元是必修的功課，所以我才會在本章中特別說明。記住，美元體系是一個比你想像更廣大、更深入的系統，了解美元是投資的重要過程。

接下來我們想像一個虛擬的狀況，就能感受美元的影響力。如果某天突然世上的主要貨幣全變成了歐元，會發生什麼事，美國又會怎樣？首先，持有許多美國國債的國家將會有何反應，中東國家將如何應對用美元購買石油的人？

如果石油輸出國家組織（OPEC）將定價從美元轉成歐元，石油消費國必須緊急從央行儲備基金中提取美元，並且全

部轉換成歐元，這可能會使美元貶值 20％～ 40％，並導致其他貨幣崩潰，發生近似大規模通貨膨脹時才會出現的現象，外國基金從美國股市和美元計價的資產大量外流。當然，這種假設發生的可能性非常小，也沒有人願意看見這種情形發生，但並非完全不可能。

基礎貨幣受到動搖，會使一直以來堅固的美利堅和平崩潰，很難想像美國會採取什麼行動來維持，世界也會開始混亂。

難道美國對中國進行的制衡，以及美國過去發動的無數戰爭，都與美元作為關鍵通貨的地位有關嗎？儘管有許多假設性的猜想，但現實中美元仍然處於至高無上的地位，我不認為美元至尊的地位會像假設的情況一樣突然改變。

既然已經了解美元的重要性，接下來我想談談金融市場中，影響走勢最重要的地方。

前文提到利率是規則，美元則是基本要素，有個地方根據這個基本要素來決定規則，那就是聯準會。在下一節中我會以最簡單的概念來介紹。

世界經濟的總統 —— 聯準會

對於主要投資韓國基礎資產感興趣的人，美元有什麼重要之處嗎？因為擁有二十多年的投資經驗，發現自己先前因為不

理解這些，錯過了太多機會，因此想要特別跟大眾說明。本節的用意便是如此。

我一直強調必須去了解想要投資的基礎資產，特別是針對公司，這比了解市場本身重要的多。甚至有人認為忽略整個市場的走向，反而會得到更好的結果，實際上的確是這樣。應該要對突發事件，也就是所謂的黑天鵝事件保持敏感，否則，目標資產的體質遠比市場本身還來得重要。

儘管談論利率、美元和聯準會可能會有點無趣，但從宏觀角度來看，還是必須了解這些概念，以利在長時間的投資中獲得更好的表現。市面上的投資類書籍，主要都是在說明如何才能賺錢，然而本書著眼在投資的金律，教大家如何才能不賠錢，並且長時間取得不錯的成果。因此，這部分相當重要。

有些人可能會覺得，翻開彼得‧林奇、華倫‧巴菲特和班傑明‧葛拉漢等投資大師的書時，幾乎都沒有提到關於美元的內容，為什麼我會認為美元很重要？

韓國和美國的投資環境不同，不同的環境需要不同的應對方式。就像北方氣候較冷，房子幾乎沒有窗戶；南方氣候較熱，房子都會裝大窗戶；北方房子的牆較厚；南方房子的牆較薄，生活方式都是由環境條件所決定的。人活著必然會受到環境的影響，金融也是。

韓國是出口導向型的國家，雖然不能說國內市場一定很小，但對全球性的公司來說，內需市場的規模的確太小，僅靠

韓國本身的需求，要培育出一家全球化的公司並不容易，* 從這方面來看，貿易對韓國來說非常的重要。國際貿易幾乎都是以美元為基礎，雖然未來人民幣和歐元的影響力可能會增強，但美元的重要性依舊存在，這意味著美元價值的波動及未來走向，對韓國來說非常重要，當然貿易對象國的情況也很重要，由於韓國所處的環境，使得韓國人不能只獨善其身，還得掌握未來世界局勢的走向，採取對策。了解所有情況後，順應環境進行投資。這就是為什麼我必須說明美元、聯準會和美國利率的原因。

針對投資新手，我想用非常簡單的方式來解釋，描繪出一個粗略的輪廓，優點是可以輕易掌握到重點，但同時也有個缺點，就是很難了解所有細節。

為了方便說明和節省篇幅，這裡做個假設，如果世界上的貨幣只有美元一種，美元的基準利率每次變動5％，決定美元基準利率的中央銀行，在決定利率時具有一定的獨立性。之所以要有這樣的假設，是確保中央銀行的行長不會按照國家總統的吩咐行動，而是按照自己的想法來決定基準利率。

假設利率以每次5％的方式變動，試想利率可以根據需求一口氣變動兩次或三次，假設在某些情況下，利率調整兩次，

---

* 這也意味在非製造業和無形資產上，不僅要抓住國家的內需，還必須抓住出口的機會。

也就是一下子上調 10％；相反地，在別的情況下，改為降低利率 10％，世界會變成什麼樣子？

假設用 5 億元的自備款和 5 億元的銀行貸款，購買了價值 10 億元的房子，貸款的條件利率為 0％，然而，中央銀行突然認為經濟過熱，將利率上調至 10％，不僅如此，之後金融貨幣委員會又再升息兩次，將利率上調至 20％，這棟房子和買家會變怎樣？

可以想像一下，全世界只有美元一種貨幣，利率每次的變動量以 5％為單位，並且有一個可以獨立決定利率的中央銀行，會怎樣？全世界的注意力難道不會集中在中央銀行對基準利率的決定上面嗎？

雖然說這個例子的確有點誇張，但實際上真的有如此具有影響力的地方，那就是美國的中央銀行聯準會，它有許多不同的名字，性質也非常複雜，至於為什麼要這樣命名，以及是否真的可以稱為中央銀行，還存在很多爭議。光是分析中央銀行這一部分就可以出版好幾本書，但是，在韓國很難找到美國中央銀行的相關數據，我讀過一本叫做《美國中央銀行》的書，這本書的內容非常好，但現在已經絕版了。

由於本書的目的不是為了說明美國中央銀行的本質，因此我會為大家做簡單的整理。要知道的是，稱聯準會為世界經濟的總統，一點也不誇張，但是有許多投資人卻在不了解聯準會的情況下進行投資。因為聯準會很重要，所以我才會特別舉這

樣極端的例子，並用獨立的一節來進行說明。

可以花點時間思考一下，當利率提高到 20％時，借款人會有什麼感受？可能有些人會認為這是一個荒謬的例子，但這絕對不是一個誇張的例子，反而可以說貼近現實。實際上聯準會的影響力比這還要更強。

全球各地的貨幣不同，匯率水準也不同，但波動都是按照美元和美元的利率為標準，因此，美元在現實金融世界中發揮的影響力比想像的還要大。不管這個普遍的觀點你是否接受，我希望你都能記住，金融世界就是這樣運作的。

這邊還要特別提出一點，許多人在實際參與金融市場時，會關注聯準會說了些什麼。但必須先了解，在一般情況下，聯準會決定的利率貨幣供應量，一定時間後才會對實體經濟產生影響。這裡要記住的重點是，如同電動汽車充電時，要到達充滿電的狀態需要一段時間；上游地方下的雨要到達下游也需要一段時間，聯準會的決定也要經過一段時間，影響才會遍及全世界。

一旦聯準會做出決定，過了一段時間後就會產生影響，金融市場非常了解這一點，那麼，金融市場會做出什麼反應？這與前面章節所提到的先行性有關，但金融市場往往不會去考慮時間差，而會立即對聯準會的決定做出反應，反正聯準會決定的方向遲早會影響市場，因此聯準會的決定反映在金融市場上不會有延遲，市場會及時做出回應並往該方向進行調整。

因此，金融界的人會專心傾聽和思考：「聯準會現在到底在想什麼？這次說的涵義是什麼？下一步將會採取什麼行動？」

如同實驗參與者需要確實了解提問者的意圖，才能回答出更準確的答案，金融領域的參與者會盡力去了解聯準會的想法和涵義，當然，有時候會因為誤解，做出相反的分析，使得市場發生動盪。

從這次聯準會對新冠肺炎疫情的反應，再次看到了聯準會強大的影響力。

當人們第一次看到聯準會將基準利率瞬間調降為零，並驚人地釋出比 2008 年更多的貨幣，購買美國國債、公司債券甚至 ETF 時，當時我還認為這些反應太過誇張，但等到看見實體經濟的惡化，我才終於理解到，如果沒有聯準會的應對，全球經濟很可能會直接陷入恐慌。幸虧有聯準會的對策，股市恐慌在暴跌兩個月後就回升，並出現 V 型的反彈。

這又再一次印證了聯準會的實力，所以大家都說：「千萬不要與聯準會作對。」

儘管如此，還是會有一些人不相信市場的上漲，採取反向的操作。這可以歸咎於對金融市場的機制沒有正確的認識，最主要是不了解聯準會作為美元的供給源頭，權力有多大。

為了體驗聯準會的影響力，再次把目光轉向美元。所有以美元計價的資產，只要有足夠的美元都可以購買嗎？事實上，

美國可以不花錢就得到這些資產，只要美國能從中央銀行，也就是聯準會那裡獲得美元就行了。實際上，這樣的事情自從2020年新冠肺炎疫情爆發以來，就一直不斷發生。因為聯準會已提出在必要時，會購買由美國財政部發行的美國債券。

只要美元沒有崩潰，就能供應無限多的美元，這就是聯準會能行使的權力。當然，聯準會不會採取如此魯莽的行動來保護美元的價值。但當行使權力的決定性時刻到來時，它會毫不猶豫，成為改變世界最強的力量。我們必須記住，聯準會掌握著改變世界最有力的那把鑰匙。

當然，這樣強大的貿易規模、軍事力量和能源霸權，只有在美國作為一個整體的時候才會存在。過去住在羅馬的人都相信羅馬會永遠存在。而我們現在生活的現實世界也是如此，彷彿美國的霸權將永遠存在一樣，但美國這個太陽也會有西落的時候，只是可能沒有想像的那麼快。我認為，在我們的有生之年可能看不到這樣的光景。

到本節為止，討論的內容已經涵蓋了投資時所需的重要宏觀體系。接下來，讓我們看一些投資的基本概念。

檢查公司獲利

最後，來看公司本身。前文不斷強調，投資獲利的最佳

方式，就是清楚地了解投資標的。股票投資的標的就是公司，了解一家公司的狀況與投資成果直接相關。有人可能會覺得很難，其實不用太過擔心，我不會用經濟學家的方式來講解。

假設現在我有位朋友想創業，但是錢不夠，剛開始的時候，我會先看他過去的表現，再決定是否借錢給他，如果他從以前就很會賺錢，那我有可能會馬上決定投資。

如果你有位很講誠信的朋友，需要錢創業，你會怎麼做？不應該先看一下他的生意能否進展順利嗎？單憑他的說詞就借錢，萬一失敗豈不就賠錢了嗎？

但如果這位朋友的生意做得很好，而且其他人都看好前景，又會怎麼做？要不要借錢給他？聽到這麼好的條件，想必不僅會借錢給他，還會想合夥，擁有股份一起經營。

股票市場是能讓投資人實現投資一家公司的地方。交易所針對上市公司訂立制度和法規，讓企業無法欺瞞，投資人也能受到保護。

為了保護投資人，韓國擁有完善的制度和金融監督系統，針對公司進行監督，要求公司公開財報，並定期審查，確保財報真實無誤，這樣的體制，能夠防止公司詐欺，讓投資人放心投資 *。雖然偶爾也會出現財報造假，但都能及時阻止；相反地，許多投資人沒有充分利用監督系統，實在非常可惜。根據

---

* 台灣有關金融交易、財報審查等，亦有金融監督管理委員會監督。

我的觀察，這些人並不是缺乏資訊或數據，而是沒能積極檢視。

企業家們總是忙得不可開交，將注意力都放在如何成功經營企業，無時無刻都在擔心員工和業務，並思考日後如何發展。投資人成為股東後，有機會與企業家平起平坐，從這方面來看，投資是一項非常吸引人的事。當然，還得要克服前文提到的障礙。

從投資的角度來看，企業家需要付出一生經營的事業，投資人如果能夠找出優質公司，就可以成為股東、輕鬆參與。我不能說投資很輕鬆，但確實比企業家的工作容易多了，當你覺得投資很困難時，不妨想像一下在現場胼手胝足的創業者。

現在，我會具體地帶你來看哪些企業值得投資。

了解營收的來源，是否真的獲利

首先，這家公司必須要有自己的事業，沒有主要事業的公司不適合投資。這裡的事業是指出售某樣物品（有形或無形的），並收取該物品價格。先把價格固定成只用現金，並將所有交易都用數字記錄下來，這個數字就稱為「營收」。

如果一家企業正常運作，就意味著會產生營收；企業表現得不錯，營收便會慢慢增加；企業表現優越，營收也會顯著成長；最後營收成長的速度與幅度都逐漸擴大，成為銷售冠軍的

企業。

　　但是，如果這家公司一開始就投入了大量資金，靠揮霍資金來增加營收，而且還是用賠本的方式，那麼這家公司遲早會破產，因此，營收雖然重要，但不光是要增加營收，公司的利潤是否與營收成正比增加也非常重要。

　　另外，還必須了解資本跟營收的比例。一家擁有 100 億元資本的公司，營收從 10 億元成長到 20 億元、30 億元，光是看數字還無法斷言是經營良好，還要分析擁有的資本跟營收的比例關係。

具有高競爭力商品，利潤就會大

　　營收呈上升的趨勢，代表企業穩定成長，也表示該項事業的前景看好，只要營收持續成長，對該行業的前景和公司的未來就能樂觀其成。

　　營收的狀況是否真的良好，可以透過利潤來檢驗。剛開始經營時，需要購買設備、建造工廠、招募人員等，營收與利潤的成長可能較緩慢，如果營收沒有與利潤成正比或成等比例成長，那麼營收可能只是花錢做出來的表面成績。如果不能保證利潤維持在一定的水準以上，就比較難完善的規畫未來，就投資人的立場來說也比較難放心。

　　當然也有為了滿足市場擴張，花較長時間在投資階段，使

利潤成長並不理想，投資人大多不喜歡這種情況。即使營收很高，也很難獲得投資人的青睞。

投資人喜歡高利潤的產品類型，相較於單價 100 萬元賣出後只有 500 元利潤，單價 1,000 元同樣有 500 元利潤的產品更好，當然，總共能賣出的數量也非常重要，比單品的價格更重要的就是能賣出多少？這表示產品的市場規模有多大。無論如何，投資人喜歡的是高利潤產品，而且賣出的數量越多越好。

哪些產品會有很大的利潤空間？具有稀缺性且其他人無法生產的產品，利潤就會大，也會認為這家公司擁有很高的競爭力。如果競爭力高到沒有其他人能夠推出相同產品時，不管產品再貴都能賣得出去，就像要價上百萬的柏金包不是都賣到缺貨嗎？這個產品的利潤有多少？從投資人的角度來看，這種公司非常有吸引力，因為賺錢的能力很好。

在某些情況下，可能要犧牲利潤來確保市場的占有率。寡頭壟斷的市場，有可能獲得壓倒性競爭優勢並控制整個市場，以及龐大的利潤，例如，半導體記憶體、代工廠、資料中心、電子商務公司（如美國亞馬遜）等與網路相關的公司，通常在初始期會經歷一陣子赤字階段，但在確保市場穩固後，就能大賺一筆。

因此，利潤有各式各樣的型態。投資人須弄清楚目標產業如何獲利，以及未來獲利能力有怎樣的變化，如果投資人找到能在未來產生高利潤的公司，離投資獲利就更近一步了。

確認公司現金流向，防止營運惡化

有時會碰到賺錢能力很差的公司，投資人如果能識別出這些公司，就可以避免不少風險，事實上，並不是每個投資人都必須像會計師一樣閱讀財報，重要的是要學會快速、準確地識別出一家公司是否誠信、穩健。一般來說，許多投資人會確認公司的營收和利潤並做出投資決策，但卻沒有檢查公司的現金流向和未來可能的問題等。避免落入這樣陷阱的方法，是查看該公司的現金流，如果精通會計當然更好，但會計並不能解決所有問題，而且投資人的眼光和會計師的眼光是不一樣的。

一談到現金流，我猜很多人會覺得頭痛，但只要簡單檢查一些項目就有很大的幫助。可以透過查看一家公司年初的現金和年末的現金情況，來計算公司現在有多少現金，如果現金用完了，就是一個危險的訊號，可能的狀況有兩種，第一種是花出去的錢比賺進來的錢多，第二種是產品賣出去但貨款還沒收到或是把錢拿去投資在其他地方。這裡的投資也可以分為兩類，買賣機械設備等實物投資，以及將錢投入金融市場投資。最糟的情況是產品銷售出去但卻拿不到貨款，因此這部分需要特別的檢查。

可以透過查看公司「營業活動現金流」來檢查。一般來說，營業活動現金流不應該低於公司營業利潤，如果營業活動現金流不佳，代表公司可能沒有收到已經計算進利潤的款項，

如果連續幾季都一直沒有收到款項，可能會面臨必須變賣資產的情況，使公司營運更加惡化。

你可以試著檢查看看，這應該不難吧？

我們已經掌握了公司的基本架構，接下來，我來談談重要的投資指標。我會用投資人實戰經驗的角度來解說，希望對你有所幫助。

評估投資指標

前文談到分析一家公司時，基本須要考慮的部分，比如營收、利潤和現金流。現在，讓我們來了解能更客觀評估公司成果的幾個指標。談到投資時，很多人似乎很容易受到這些指標的影響，雖然這些是非常方便和有用的指標，但只有從個人評估的基準來看才具有意義，而這些基準需要投資人投入大量時間學習才能建立起來。

讓我們先從股價淨值比（PBR）開始，這個指標主要是檢查公司的總財富有多少，用資產除以股價來評估其價值。

查看股價淨值比時，留意資產實際價值

股價淨值比（Pricer to Book- value Ratio, PBR）指公司帳

面上有多少的價值。每股帳面價值（Book-value per share）是用總資產除以持有的股份數量得出；PBR 是用每股帳面價值除以股價得出的比率。簡而言之，帳面價值是指公司多年來累積的總資產。

如果用家庭來比喻，買了房子後為了方便的生活，還會購買冰箱、洗衣機、烘乾機、電視、音響設備、廚具、家具、服裝、食品和汽車等物品，也可以把各種消費品都算進去，因為這些都是花錢買來的，因此都可以算是自己的資產。隨著時間流逝，有些東西會老舊，有些也會換新，公司也是如此。

拿居住的房子來比喻，賣房子時，先前買的東西有些能夠賣到比原來更高的價格，有些只能賤價出售，比如穿過的衣服、電器等物品。從買家的角度來看，買了之後，可能很難再轉賣，未來很難再賣出的物品對買家來說，就會失去吸引力。現在二手市場已經很成熟，所以比較容易賣掉，但若為了要快點賣掉，就必須把價格降低，才能在想要的時間內賣出。

另外，也可能會剩下一些對自己來說具有特殊意義，但卻沒辦法賣出去的東西。確認一家公司的帳面價值時，有必要認識和了解這些內容，對公司生存非常重要的機器，賣給另外一家公司時可能剩餘價值並不高，如果這些資產在帳面價值中占有很大的比例，這樣的帳面價值還具有多少意義？

當然，如果總公司的大樓位於首爾市的中心位置，並且大樓的帳面價值還是用二十年的價值登記，就得用與前述相反的

方式來分析，因為如果當帳面反映出真實價格時，公司的價值就會增加，而帳面上的價值並不是絕對的，會因產業而異，也會因為所擁有的資產類型而有很大的差異。

例如，石油工廠原油儲存罐的帳面價值，在原油價格持續上漲和持續下跌時有所不同。

公司在財務報表中會反映這些變化，折舊價值和損益估值會不斷反映在帳面價值上。從這點來說，企業的盈虧會受到影響。一個折舊速度較慢的公司，意味著機器和設備得到較高的評價；相反地，折舊很快的公司代表其設備得到的評價較低。就此來說，了解公司財務報表相當重要。一個盡可能保守設定財務報表，保持帳面價值較低的公司，其實對投資人來說更為有利。

總而言之，建議要以靈活的思維來看待公司的帳面價值。

從行業別、前景衡量本益比，為公司估值

接下來，讓我們來看看最常用的指標之一本益比（Price to earning Ratio, PER），這個指標是指公司的股價和賺到的錢相比的比例，因為是按淨利計算，所以必須要扣除利息和一些公司運營之外的支出。稅前息前利潤（Earning before Interest, Tax, EBIT）是看股價相對於營業利潤的指標，可以看出一個公司經營的能力，是投資人比較常用且較為直觀的指標。

　　在判斷股價相對收益是否合理時，首先要優先按行業來分類，考慮公司的過去、現在和未來的前景也很重要。因為現在的高利潤和低股價不一定在未來就會產生好的結果。前文曾經提過，投資人總是在想自己投資的公司未來會不會表現良好。假如隔壁老王開的麵包店生意很好，因此決定參與投資，但自從我加入的那天起，生意就逐漸走下坡，最後能得到好的成果嗎？雖然不知道是否能夠從老王的利潤中獲得分紅，但麵包店的權利金並不會突然提升，公司的成果也同樣如此。公司的價值在投資後必須要能上升，否則不管過去的表現再好，也不一定能保證未來有好成果。

　　韓國有很多公司的崛起是乘著經濟上漲的趨勢，因此掌握這一部分對於投資來說至關重要。只因為股價便宜就投資，會受到景氣循環週期的影響。僅僅因為 PER 便宜，不一定就可以歸類為被低估的股票。想在這方面應用 PER 需要一些技巧，一個典型的案例就是，在供需之中，供應商占優勢的半導體市場。在高 PER 值時投資半導體，並在 PER 低時獲取利潤，才是正確的投資方式。當然，當投資人大量湧入時，低價公司的股價遲早會被重新評估。

　　過去就偶爾會發生這樣的情況。隨著韓國市場的開放，外資進入韓國市場，PER 較低的股票大幅上漲。1998 年 IMF 危機後，外資聚集投資韓國的一流公司時，造成了股價飆升的情形。在 2002 年到 2007 年間，韓國出現了一批價值投資人，因

為資金的湧入，有過一段重新評估股價的時期。

從這個角度來看，金錢大量湧入的地方，人人都能成為賺錢的贏家。在那個時期，每個人都覺得自己是投資的專家。這跟 2008 年後的美國股市非常相似，股價連續成長了十多年沒有間斷過。當然，收益更集中在那些投資 FAANG（Facebook、Amazon、Apple、Neflix、Google） 和 MAGA（Microsoft、Amazon、Google、Apple）等跨國公司的人身上。總而言之，這段時期實在太容易賺錢了。

韓國卻不太一樣。因為在 2012 年汽車、化學、煉油市場的牛市後，韓國股市一直持續原地踏步的狀態。最高點是 2018 年初的 2,600，2020 年指數在 2,000 ～ 2,200，跑贏大盤並獲得高額回報的投資人寥寥無幾。回過頭看，可以說正是這個時期才能顯示出誰是真正有實力的投資人。

2020 年以後是否還會出現人人賺大錢的時代，還有待觀察。但即使在投資容易賺錢的時代，仍然能顯現出投資技術的差異。投資人的實力中，差距最大的能力，是判斷一家公司的利潤是否能持續成長；能否區分出未來還會繼續上漲的公司，這會直接關係到安全邊際。如果一家公司因為目前沒有被投資人注意，以極低的價格交易，這時很容易就能找到投資的安全邊際，後文會再繼續說明。

價值投資人在當前韓國市場辛苦奮戰，原因在於，很難識別出公司未來會有多少獲利成長。獲利穩定的公司股價呈現合

理的低價，市場上的資金卻湧向未來獲利確定會成長的公司，因此，韓國傳統的價值股，已經很長一段時間沒有達到應有的價格。

韓國的價值投資人近年來這麼辛苦的一個關鍵原因，是因為市場越來越喜歡價格便宜的股票。這種現象之所以會加劇，是因為能投入股市的資本有限，在資金有限的情況下，投資人難免會希望透過投資更便宜的公司，獲得相對較高的回報。因此，投資資金集中在預計明年或下個季度利潤會出現爆炸性成長的公司，這些公司現在的股價顯得相對便宜，目前已經看起來很便宜的公司，反而長時間被邊緣化。

這一個趨勢在低迷的公募基金中再次得到印證。韓國的代表性價值投資基金，在很長一段時間內都沒有顯著的回報，這些具代表性的韓國基金低靡的現象在 2020 年發生。這時出現了散戶直接參與市場進行投資的現象，還取了一個有趣的名字叫作「東學螞蟻運動」。如果公募基金長時間內一直保持在一定水準以上的報酬率，且高於銀行存款利率的話，可能現在會有所不同吧！由於公募基金在管理上的限制，要超越市場並不容易，從市場專業投資人的角度來看，這是非常可惜的事。

總而言之，根據目前 2020 年「東學螞蟻運動」掀起的投資熱潮，以及暫時維持的低利率，繼 2002 年~2007 年，韓國第二代價值投資人出現後，我覺得現在是新的投資人與資產家誕生的絕佳時機，也希望真的能夠出現。

用股東權益報酬率判斷公司體質

接下來要看的是股東權益報酬率（Return On Equity, ROE）。ROE 是判斷公司健康狀況的一個非常重要的指標。因為這關乎公司是否有效地運用現有資本。計算的方式是將稅後淨利除以總資產。

假設前面例子中提到，老王麵包店經營得很好，所以他買下了隔壁的店面擴大生意，由於空間變為原來的兩倍大，如果銷量也隨著空間翻倍，就代表營收翻倍。店面越大租金就越高，需要雇傭的員工也就越多。但是，如果成本的增加比翻倍的營收要少，那麼老王麵包店的營業利潤率就會提高。從投資人的角度來看，這是非常令人興奮的事。利潤將累積在老王的存摺中，淨資產就能夠增加。隨著生意的穩定發展，累積大量淨資產後就會有多餘的錢，有了多餘的錢後，這次老王在街的對面又開了一家麵包店，而且生意也同樣很好，營收再次翻倍，利潤成正比例上升。

老王之前因為投資新店面而清空的存摺，又開始慢慢累積到資金。受到連續成功開店的鼓舞，老王這次在捷運站附近開了一家大型麵包店。雖然租金有點貴，但因為現有兩家店面的生意都賺了不少錢，所以還勉強可以承受。捷運站附近的麵包店生意還算可以，然而，租金卻比之前兩家店面高出許多，結果，營收雖然成正比例增加，但利潤率卻下降。存摺裡的數字

雖然增加，但卻比預期的要少一些。

　　這是日常生活中很常見的例子，用投資指標來思考，買下隔壁擴大店面時，營收和利潤按比例增加，這個情況代表麵包店的價值（股票價格）成正比上漲，而且這種走勢一直延續到在對面開第二家店時，公司的成長仍然沒有問題，因為營收和利潤同時有良好的成長。

　　然而，在開第三家店面時開始出現問題。事實上，也不能真的算是有問題，因為營收和利潤都上升，而只有利潤率下降了。此時，ROE 指標出現了變化。直到開第二家店為止，營收成長率和利潤率保持不變，ROE 也跟著上升。而從第三家店開始，利潤率略有下降，但 ROE 下降的速度卻快於利潤率。

　　我用上面的例子簡單解釋了 ROE 的概念，希望對理解有所幫助。當企業營運狀況良好時，利潤就會累積，就意味著會累積更多的資本。如果從 1 億元的資本開始，每年累積 1 億元的淨利潤，到了第 10 年淨資本就會增加到 10 億。第 11 年，營收為 10 億元而利潤為 1 億元的話，跟初始資本相比利潤率為 100％。但在第 11 年依然盈利 1 億元的話，這家公司算是經營得好嗎？

　　公司創立的第一年，公司就實現了初始資本的 100％ 盈利，但到了第 11 年跟累積的 10 億淨資本相比，利潤只有資本的 10％。這代表利潤的量並沒有隨著公司的成長提高。一家成功的公司，隨著公司的成長，利潤率也應該要隨之提高。但

是，營收 1 億元時的 10％ 和營收 1 兆元時的 10％，兩著的情況完全不同。營收為 1 億元的時候賺 10％ 或許不難，但營收達到 1 兆元時，也能賺到 10％ 的利潤，是非常好的成果。

　　例如，有多少公司會對營收 1 億元的市場感興趣？在這個時期，競爭對手並不會隨便進入。因為跟付出的努力相比，得不到太高的回報，相反地，如果某個市場一直持續 1 兆元的營收，並且固定產生利潤，該市場將不可避免地變成一片紅海。換句話說，由於營收增加，眾多競爭對手的出現和社會上大量的關注，很可能會成為公司成長的負擔。本來興趣缺缺的稅務機關會逐漸開始關注，公平交易委員會也開始關注，競爭對手開始經營同樣的生意，為了爭奪市場份額進行促銷。因為生意順利，引起許多人嫉妒而想來分一杯羹。然而，即便在這樣變化巨大的市場中，公司若仍舊保持過去達成的利潤率，這就證明公司克服了各種風浪並且能保持其地位。

　　1 億元的 10％ 和 1 兆元的 10％ 具有截然不同的含義，ROE 便是與此相關的指標。公司能否在淨資本增加的情況下保持利潤率，代表公司的競爭力是否增強，跟競爭對手相比時是否保持相對優勢，在面對各種風波時是否有能力管理好風險問題，能否抓住機會並讓公司的業務不斷成長。在營收和利潤成長的情況下還能長期保持 ROE 的公司，才稱得上是成功的企業。因此，投資人有必要了解，維持 ROE 並非易事。事實上，華倫・巴菲特在投資時就非常重視 ROE，他會投資已經在長時間

內證明自己能力的公司。

很顯然指標是非常有效的投資工具。但是，根據情況不同，應用的方式也不盡相同，會因產業類型和產業情況而異。

如果要談論針對每個行業如何應用指標，本章的內容就會有點過長，並不適合閱讀本書的讀者，之後有機會我再來詳述。總之，當投資人學習了各種方法納為己所用時，就能產生更好的結果。累積這些東西就像培養內功，前文所提到的成功投資專家，創造自己投資方式的人，都有自己獨特的見解來解讀和分析這些指標，每個人側重的不同，但都融入了自己獨特的方式。學習和實踐這些方法的次數越多，就越能成為領先的投資人。

雖然指標有很多不同的應用方式，但偉大的投資人有一些共同的特徵。儘管應用指標的方法和時間點有很多種，在下一節中，我們將看看希望成為資本家並實現經濟自由的投資人經常確認的部分，以及他們身上都有哪些共同點。

希望本書是一本實戰的指南，所以不想花太多精力去定義概念，我會把重點放在如何在實戰中應用，因為已經有很多書專門在定義概念。如果把接下來的章節內容應用到投資上，就能對投資有更深的認識。

安全邊際

現在，讓我們談談實際投資中的一些要點。前文所說的並非不重要，但我真心地希望大家能夠繼續邁入這個階段。

許多價值投資人都在談論安全邊際，換句話說，就是要買入非常便宜的股票。誰不想用便宜的價格買股票？然而，人類的某些想法阻止了這一點。

即使是像我這樣投資二十多年的老手，通常也會先關注價格上漲的股票，而不是價格下跌的股票，這就是難以克制的人類天性，但這並不代表「便宜的股票就絕對好」。

我並不想用教條式的方式講解安全邊際，我想嘗試解釋投資時，如何進入確保安全邊際的安全區域。這是一定要學習和實踐的領域，但要學會的確不容易，對於可以輕鬆運用的人，希望可以青出於藍，再回來跟我分享。

確保安全邊際的第一個實戰投資方法，就是要提高自己的眼光。

要先抱持著自己一定能成為最佳投資人的心態再開始。這裡說的並不是心理學上的效應，而是初學者必備的心理態度：「不要害怕，我一定能夠成為最好的投資人。」然後抱持「除非這支股票真的很有吸引力，否則我不會輕易投資股票」的想法。希望你能相信自己選擇的公司。

如果心中擁有了信念，下一步就是用更高的視野來提升自

己的眼光。提升眼光意味著能夠準確識別目標，必須要能分辨出哪個是鑽石，哪個是黃金，由於培養眼光需要花費大量的時間和精力，所以在這裡我想推薦一兩種能提升眼光的方法。

首先，要大幅調高利潤的目標。「我只要賺到銀行利息的兩倍就足夠了。」把這種想法扔進垃圾桶裡吧！銀行利息的兩倍有什麼意義？那樣的話與其投資，不如做自己喜歡的事，不要浪費精力在金融投資上面。

「我是一個沒有什麼野心的投資人。」

「股市量角器說，貪婪會導致心情不佳。」

「我要放棄自己的貪婪，即使是很少的利潤我也能滿足，並以複利來增加這一點點的微利，遲早有一天能實現財務自由。」

如果你這麼認為，那就是誤解了我說的話。

跟一個人初次見面時，剛開始光是說話都覺得尷尬，有時還會一不小心說錯話。等到熟悉後，就能夠一起吃飯喝酒，聊些自己和家人的事，以及自己的想法和夢想，漸漸表現出內心的另一面，難道不是這樣嗎？怎麼可能從書的一開頭就直接說明意圖，指導別人投資？必須循序漸進，慢慢直指核心。

我想對正在投資的人（不是指剛起步的人）說的是，應該要選擇能產生 2 ～ 3 倍投資報酬率的公司作為投資標的，一開始就要選擇能讓自己滿意的公司。這才是投資！可能有人會想：「這個作者一點都搞不清楚現實狀況。」但我所說的是肺

腑之言。

　　只有用這種方法，才會產生安全邊際。一般投資人的心態和經驗不夠，要選擇一家確保安全邊際的公司絕非易事，正因為如此，我才會這樣說，若從一開始就下定決心投資一個能成長 2～3 倍的公司，安全邊際是有保障的。事實上，我身邊的投資人都專注投資在能夠產生兩倍以上報酬率的企業。這些公司實際上都是現在的股價，與當前收益和未來收益相比非常低的公司。

　　談論這個部分時，我非常擔心一點，可能會有人考慮投資生技 (Bio) 領域。生技股可以輕鬆地在短時間內賺取 2～3 倍的利潤，如果投資生技股的話，應該要把這個標準提更高，建議把目標放在可能達到 10～20 倍的股票。2020 年，由於新冠肺炎疫情的關係，這樣的目標已經成真，許多生技公司的股價大幅上漲。有家公司，經過長時間發展，終於達到了十倍股（Ten Bagger）的水準。生技股投資可以達到 10～20 倍，所以要以此為目標進行設定。

　　擁有這樣的目標後，看待當前股價的方式將會有所不同。想著：「應該可以再漲一點。」這樣的態度代表沒有設定好投資目標。如果投資的目標是高投資績效，就會對公司的現在和未來進行更深入的分析，分析公司的核心競爭力和前景，而不是跟隨市場價格或當前趨勢進行投資。

　　研究後就會發現目標公司的競爭力和競爭結構，以及能夠

克服大環境的企業 DNA，最重要的是，要檢查當前股價是否夠
便宜，能否上漲 2 ～ 3 倍或 10 ～ 20 倍。經歷這樣的過程後，
「安全邊際」就會逐漸顯現出來。

　　要如何才能找到一家能夠實現 2 ～ 3 倍、10 ～ 20 倍或更
多收益的公司？有一個方法可以找到，那就是盡可能多研究幾
家公司。這是最快的方法。

　　什麼是投資？

投資＝不厭其煩地蒐集資訊

　　問題在於，這樣的公司並不突出。股票分析師所談的大多
數都是具有一定規模的公司，由於股票分析師的工作是為大額
交易人提供服務，因此趨向於評論大額交易人會選擇的股票。
由於專業經理人只投資資本和規模都在一定水準以上的公司，
因此在今年被分析師熱議的股票中，很難能夠找到股價上漲 2
～ 3 倍的公司。

　　要如何找到一家確定安全邊際的公司？除了不厭其煩地蒐
集資訊，沒有別的辦法嗎？的確方法不多，但也有可以花少一
點時間就能找到的辦法，但這樣的機會不會自己找上門，只有
徹底了解這些公司，才有可能獲得機會。這樣的機會可以在比
較容易確認安全邊際的時期發現。

　　那到底是什麼時期？

　　就是股市崩盤的時候。正如第一章和第二章所述，當信用交易連續被清倉時，許多公司就會出現安全邊際。在恐慌的市場中，對公司的內在價值和未來價值的確信也發揮不了作用，恐慌的情緒使理性麻痺，讓理性分析失效，就算是再好的公司，也都選擇先拋售。

　　這種情況在大型企業股票上比較少發生，但對於中型和中小型公司來說，就會受到很大的影響，就大型企業而言，由於投資人非常多樣化，而且很多人都持觀望的態度，總會有一些人克服非理性的情況，因此，即使在這樣恐懼的狀態下，也很少會掉到谷底，但這些大型企業也有從懸崖上摔下來的一天，那就是整體經濟發生信貸危機的時候。當超大型股票跌到谷底時，中小企業早就已經被扔進垃圾桶裡了。不管裡面有沒有鑽石或金塊，只好通通都扔進垃圾桶裡，這時垃圾桶裡就裝滿了「安全邊際」。

　　有人可能會說：「這不是大家都知道的事嗎？」但知道與行動是兩回事。投資最遠的距離，就是從頭到手的距離。動腦思考大家都會，但卻需要大量的訓練才能實際運用，如果真的這麼簡單，為什麼會有這麼多人在市場崩盤時，把像珠寶般寶貴的公司扔進垃圾桶？

　　因此，如果不提前準備，即使出現這樣的情況也很難抓住機會。從 2018 年開始，到 2020 年年中，韓國已有超過四次以上這樣的機會，如果我將四次以上的機會都抓住，幾乎可以實

現財務自由了。這適用於所有投資人，從這方面來說，抓住機會就像是一場生死搏鬥，如果經驗不足，即使事先掌握了情報且進行了適合的分析，也很難輕易下決定。

在找尋具有安全邊際的公司時，最具吸引力的是正在成長的產業，如生技或 AI 等，引領未來趨勢的高科技產業。問題在於，與其他領域相比，高成長的領域裡很難找到安全邊際，這些領域的安全邊際來自於對公司的深厚知識，換句話說，這是向大股東和準確了解公司的人敞開的領域。

以生技公司來說，如果能夠準確了解公司正在進行的項目，以及成功的可能性，就很容易確保安全邊際，這裡要再次強調，只有確切了解標的潛力並且辨別比大股東或知道的人更多，才可能有機會。此外，在成長型的產業中，只有在公司股價非常低的情況下，才能獲得適當的安全邊際。

無論有多麼確定公司的成長性，但如果當前的股價不夠低，還是無法保證安全邊際。對預期會成長的股票，除非發生不利的事件，否則很難找出具有安全邊際的公司，這也是為什麼即使了解公司詳細的情況，也很難進場的原因。我認識很多行業的從業者，但奇怪的是，很少碰到一個熟悉自己公司股票，並且成功投資自己公司股票的人。這一點希望你能夠好好記住。

我必須相當謹慎地談論安全邊際，希望你能以積極的態度去理解安全邊際，如果你是個傳統的價值投資人，可能很難同

意我所說的安全邊際。書中單純只是想告訴投資新手，在實際投資中確保安全邊際的方法。這是一種逆向找尋的方法，因為對一般投資人來說，要理解安全邊際的概念並找出來，不是一件容易的事。

然而，大多數具有良好安全邊際的標的，都能在反轉*時找出來。連續幾年虧損後，投資人早就興趣缺缺，對於過去曾誇口會有亮眼表現卻令人失望的公司，更不用說了，事實上，即使在反轉後，一個季度業績有好轉，人們也不太會去關注。這個時候就是機會出來的時候。

如果公司轉虧為盈，每個季度的獲利都成長，市場價格與真實價值的距離就會逐漸拉大，雖然公司表現得很好，但因為市場不感興趣，所以差距就逐漸拉大。如果差距擴大到一定程度，就會產生錯覺，而且，如果公司所在的產業由虧轉盈，機會很快就會到來。

市場上的誤解越大，就越能確保安全邊際。這樣的公司在韓國很常見，由於韓國擁有許多國際企業的零件供應商，更容易受到經濟景氣影響，股價隨成品製造商的情況而波動較大，也有公司從巨大的盈餘轉變為赤字。

但是，如果出現翻轉的趨勢並且長期呈現繁榮景象，則該行業許多公司將會出現反轉，就能發現許多具有安全邊際的

---

* 指一家公司的利潤從下降變為上升的轉折點。

公司。半導體就是一個代表性的產業,如果一直關注這樣的趨勢,相信能抓住很多好機會。

本節所討論的安全邊際,與其他書籍中討論的方式略有不同。我將實戰中使用的方法分享給大家,希望大家能夠理解。

第 5 章

投資人的類型

投資風格，一出生就決定了

我要感謝讀到這裡的讀者。寫作過程中，我總覺得慚愧，怕會有投資專家看我的書，覺得我寫得很淺略。本書適用於投資新手、普通投資人和迷失在投資世界裡的人，而不是投資高手，我要再次強調這是一本向大師學習的書。

如果前述的各種投資態度你都能學習並實踐，進入成功投資人的行列，就只是時間上的問題。並非所有高手的投資風格都相同，其實有許多不同的方法可以獲得成功，就連同被歸類為價值投資的人，投資方式也會因人而異；動量投資人與價值投資人的投資風格完全不同；最近還有投資人以數學為基礎，獲得相當高的報酬率。有許多不同的路線可以通往山頂，方式也有很多種，所以需要以開放的心態來看待投資世界。

投資風格通常出生時就決定了，雖然可以更詳細地劃分，但大致上可以分為兩個類型 —— 價值投資和動量投資。我是一名價值投資人，身邊大多數的高手也都是價值投資專家，如果一個人傾向關注性價比，他就很有可能是一名價值投資人。

然而，價值投資並不是投資的唯一真理，靠動量投資登峰造極的人也不在少數。不論是價值投資或動量投資，都必須付出相當多的努力，成功不會從天上掉下來，當你投入許多努力、精力和熱情後，成果自然就會出現。從這點來說，投資股票從來都不是非勞動所得，光是坐著就自動變有錢的情況非常

罕見，尤其是在韓國，這樣的例子更少，要找到平白無故在股市中暴富的案例，簡直比登天還難。

　　本章會根據我自己的領悟，追尋各類投資人的足跡，並分享他們的故事。另外，在本章的最後，我會分享自己所遇見過的韓國投資高手，盡可能分享世上鮮為人知的高手，這是本書最重要的精華，也是我認為最有趣且最令人興奮的部分。

價值投資之父班傑明・葛拉漢

　　我認為自己還沒有對班傑明・葛拉漢評頭論足的資格，儘管如此，在談到各種類型的投資人時，不可能不提到他，所以我會簡單的介紹一下。

　　通常價值投資人幾乎都起源於班傑明・葛拉漢，本書中提到的很多內容，其實都有他的影子，這就是為什麼許多人稱呼他為「價值投資之父」，華倫・巴菲特早些年在演講中提到的「葛拉漢和陶德村的超級投資人」，大家也認為當中的主角就是班傑明・葛拉漢。

　　價值投資的創始人班傑明・葛拉漢，啟發了許多人成為成功的投資人，價值投資比任何方法所產生的成功投資人還要多，而且未來也會持續這樣的影響力。本書所述的許多故事，大多是班傑明・葛拉漢過去所說的修改版。因此，在這一章

中，與其寫下我對他的看法，不如引用班傑明‧葛拉漢的原文，可能更有意義，事實上，光是引用他說過的話就足夠單獨成書了，所以我會挑選自己覺得最精華的部分。

本書第一章至第三章所討論的核心，若用班傑明‧葛拉漢說過的話來講，大概如下：

事實上，投資人最大的敵人往往是自己。我要鄭重地說：「投資人，出錯時不能怪個人的命運或股票市場，問題出在我們自己身上。」

——《智慧型股票投資人》（*The Intelligent Investor*）

本書提到「過度自信的人，不適合投資」，便是來源於此。第三章和第四章的內容，若借用班傑明‧葛拉漢的話大致如下：

投資的美妙之處在於，不能急著下定論。一般投資人用最少的努力和實力就能取得不好也不壞的成果，但是，如果你期望獲得最大的成果，就需要累積更多的實戰經驗和智慧；如果不願意在投資方面增進知識和智慧，投資成果不但不會改善，甚至可能會惡化。

——《智慧型股票投資人》

　　班傑明‧葛拉漢憑著自己的經驗，用這幾句話將投資界中一般人的幻想，用文字表達了出來。雖然文明不斷進步，但人類卻沒有改變，當人們陶醉於牛市，認為自己會繼續跑贏市場、取得好成績，甚至沉浸在過去的成功經驗，使用信用交易投資股票，最終獲得慘痛的教訓。這樣的經歷一再出現：

　　只用股票建立投資組合的投資人，隨著股價的波動，在歡呼和絕望間來回。預期通膨會加劇而購買股票時更會如此。因為這一類的投資人，在股價大幅上漲時，並未注意未來可能會下跌的訊號，錯過了將利潤變現的機會，無論股價和股息收益率如何，都只是繼續買入股票。他們這樣做遲早會後悔。

　　收益率取決於投資人花費的智慧與努力，想要高枕無憂投資的消極型投資人，會獲得最低的報酬率；最高的報酬率屬於發揮卓越智慧，並懂得運用高超技術的積極型投資人。

　　　　　　　　　　　　　　　　　　　　——《智慧型股票投資人》

　　感謝班傑明‧葛拉漢，我再次向他致敬。

　　他講的這些關於市場波動的故事，非常值得我們學習。我經常說不要去預測市場，這句話就是根據班傑明‧葛拉漢所說的內容：

證券公司和投資顧問相信，對投資人和投機者來說，市場預測非常重要。只要遠離華爾街，就會發現預測股市前景，以及選擇正確的時機有多困難。幾乎每天都有無數的「預測」，而且有許多能輕易取得的訊息來源，但其中投資人能信賴的訊息非常少。儘管如此，投資人仍然經常遵循這些亂七八糟的預測，並採取行動。這是為什麼？因為投資人認為，以自己的方式預測股市，是投資的要素，並覺得證券公司或投資顧問的預測，至少比自己的預測更加可靠一些。

如果一般投資人認為可以透過預測市場來賺錢，那他就大錯特錯了。如果所有投資人都跟隨市場訊號，同時賣出獲利，那誰要來買這些股票？你認為長期遵循市場的預測，或是跟隨有影響力的領導者，總有一天能夠變有錢嗎？不幸的是，追求同一個夢想的競爭者不計其數，從經驗上來說，一般投資人很難發揮比其他投資人更超凡的預測能力。

即使一般投資人試圖預測市場，在價格波動中抓住成功機會的可能性也很小。

不要在大漲後立刻買；不要在大跌後立刻賣！

——《智慧型股票投資人》

本書許多地方零散地引用了他所說的話。第三章所討論的核心，是投資高手付出的行動，想要成為高手的人可以找到一位高手緊緊跟隨，「元祖級高手」班傑明‧葛拉漢對投資人

（包括一般投資人）的寶貴建議都寫在《智慧型股票投資人》一書裡，對於價值投資人來說，這是一本跟《聖經》差不多的經典。

　　就像去教會的人要讀《聖經》；信佛的人要讀佛經一樣，想成為成功價值投資人的人，可以把班傑明‧葛拉漢的《智慧型股票投資人》隨身攜帶，並且反覆閱讀，直到自己的思想完全跟班傑明‧葛拉漢一樣，另外，不要忘記在書本外面包上書套，以免書本弄髒毀損。

股神華倫‧巴菲特

　　我很猶豫在本書中談論華倫‧巴菲特是否正確，因為華倫‧巴菲特有很多不同面向，因此我只談論近期感受到的。

　　華倫‧巴菲特在韓國非常出名，也出版不少關於他的書，股票相關書籍只要掛上華倫‧巴菲特的名字，就會有一定銷量。很多人都在討論他，但實際上他並不是一般投資人或專業投資人能輕易了解的對象，應該說他是偏執型的天才，而且還非常努力，所以才會在投資上獲得成功。僅憑天才一詞並不足以涵蓋他的成就，一個偏執型的天才所全神貫注的領域，有誰能與之匹敵？

　　本書只會提到有關他的其中一些面向，有人說他是到 50

歲才賺到很多錢，但事實並非如此，除了少數的情況，一直以來，他的收入都很高，只不過從現在來看，因為他的公司規模已經擴張得太大，ROE 自然會有些下降，不過在如此龐大的規模下，ROE 還能達到這樣的水準，他是如何辦到的仍是一個謎。

一開始規模較小的時候，華倫·巴菲特就達到了出色的投資收益，但更讓人驚訝的是，在轉型為擁有龐大資金的投資人，以及掌控巨大資金的企業家，過程中他還能一直不停地進步，並創造出新的投資模型，直到今天他依然在努力，而且，如同前文所述，他擁有超乎常人的耐力。

令我感到驚訝的是，為了保持高度的 ROE，他的公司的結構已經從投資公司重組為控股公司，事實上，當資本超過一定程度後，很難僅靠純投資保持受益率，即使在韓國這樣的小規模資本市場，當淨資產超過 2,000 億韓元時，也不能只靠純投資，還得透過企業持股、參與營運或收購合併等方式，投資其他資產。

眾所周知，以華倫·巴菲特的投資經驗，在購買時思糖果（See's CANDIES）的股份時，按照他的標準來說是相當昂貴的，而他的合夥人查理·蒙格在過程中扮演了決定性的角色。

我們從華倫·巴菲特身上學到，隨著淨資產的規模一步步增加，投資的方向難免會發生變化。韓國 KOSPI 市場規模截至2020 年上半年約為 1,400 兆韓元，在這樣的市場規模裡，若累

積 1 兆韓元左右的資產，一般性投資操作將會達到極限，這點從眾多公募基金的經驗可以看出來。我認為更正確的看法是，公募基金之所以不能取得好成績，是因為他們的資產相對於市場規模來說太過龐大，而不是因為缺乏實力。

在這方面，華倫·巴菲特的經驗對我們來說深具意義，我希望像他這樣的投資人也能在韓國出現，但按照韓國目前的情況來看的確不容易，這是因為華倫·巴菲特運用保險公司做投資槓桿的方式，在韓國很難複製，儘管如此，我誠摯地希望未來夠創建一個代表韓國的價值投資基金，希望華倫·巴菲特的眾多學生中，能有人站出來達成這樣的目標。

最強的基金經理人彼得·林區

一提起彼得·林區，我就會想到那頭耀眼的白髮，他是一位才華橫溢的基金經理人，投資成果相當耀眼。

我覺得他了不起的地方在於，雖然他是一名專業的基金經理人，但他卻能用一般人的觀點來講述投資成功的方法，他最著名的著作《彼得·林區選股戰略》（*One Up on Wall Street*）中，他講述一般投資人如何靠在日常生活中獲得的點子，做出比專業投資人更明智的投資選擇。

消費者在現實生活中的行為和反應，改變了公司的內在價

值，他以一名基金經理人的角度分析，內容非常精彩有趣，我認為應該把他的書列在投資新手優先閱讀的投資書單中。

投資人除了學習如何在日常生活中進行投資，還必須要跟他學習一生中投資股票所能達到的報酬率，不是只有銀行利率的幾倍，而是可以獲得更高的收益。在他的書中記錄了許多十倍股，以及接近百倍股的股票。書中給投資人一種真實的體驗，如果我們在早期投資一家成長型的公司，投資人不僅可以陪伴公司成長，也可以收穫公司的成果。身為一名投資人，我很欣賞他向大眾介紹，實際生活中如何實現這種投資，事實上，我認為他是在向我們展示投資的原型，因為投資本來就應該如此。

投資不光只是「現在價格很便宜，如果投資的話肯定能賺一些」這樣的觀點，我認為資本主義裡，最理想與美好的模式，是股東與公司共同成長。

身為一名專業投資人，如何在投資領域取得成功的方法，是剛開始投資的人都應該要牢記的地方。

事實上，我身邊就有人利用這種投資方式取得了成功：

幾年前，小李看到一家電信設備公司的業務，覺得公司的內容不錯，未來前景可期，於是穩定地買入股票，最終公司股價成長了十倍。小李認為這是一個很好的公司，所以投入更多閒錢，並沒有被股價的小幅上漲所動搖，小李參與了公司股東大會等所有過程，見證了公司開花結果。

這是有可能發生的故事。令人驚訝的是這位小李不過是一位投資新手。像我這樣每天觀察市場價格變化的投資人，可能會參與到公司 2 ～ 3 倍的成長過程，但要參與到 10 倍成長的過程非常不容易，所以能實際諮詢到這樣的情況，對我來說也是一次非常獨特和愉快的經歷。

我是如何給小李進行投資建議的？

我跟他說，以後不要聽信任何人的建議，繼續按照現在的方式投資。如果又發現一家公司的發展軌跡與先前成功的公司相似時，再進行投資，不要被其他自稱是專家的人左右。

量化投資的魔法師詹姆斯·西蒙斯

大家都知道華倫·巴菲特是投資之王，但如果以累積的收益來看的話，你相信有個人能夠勝過華倫·巴菲特嗎？如前所述，華倫·巴菲特是一名投資人，但自從收購時思糖果後，他的角色發生了重大變化，成為一家典型控股公司的董事長。但是，現在要談到的這位詹姆斯·西蒙斯（James Simons），僅僅通過純投資，也就是光靠金融市場上的投資，就獲得了驚人的收益。三十年來平均年報酬率 66％。

詹姆斯·西蒙斯是這個不可思議記錄的保持人，他是一位數學家，是量化投資的傳奇人物。在韓國，很多人甚至連他的

名字都不知道，因為他的光芒被華倫・巴菲特給掩蓋了，但他創下的非凡記錄有許多涵義。我有時也會想：「如果將 AI 應用於價值投資上，可能會創下更高的報酬率吧！」因此，詹姆斯・西蒙斯利用系統化，創下歷史性的高報酬率非常吸引我。其實關於他的資料並不多，這裡就借用 YouTuber 上面有關他的採訪來進行介紹。下面是 YouTuber Dante Kim 所翻譯並上傳的內容：

主持人問：請問是什麼契機讓你決定開始投資的？

詹姆斯・西蒙斯回答：我父親剛好賺了一點錢，所以我有機會拿這筆錢來投資。我覺得投資非常有趣，於是決定未來要繼續投資，我就是這樣開始資產管理業務的。

問：所以你是用父親的錢開始投資的嗎？

答：是的，一開始是用家裡的錢，後來才有其他人也慢慢投入資金。前兩年，我在沒有任何模型的情況下進行交易。

問：你是像一般投資人一樣隨心所欲地投資嗎？

答：是的。那時我的表現跟一般投資人差不多，之後雇用許多人一起工作，我們取得了令人難以置信的成功。當時我以為自己只是運氣好而已。雖然成功了，但資產管理的確是一項壓力很大的工作。

　　有一天早上醒來，突然覺得自己是個天才，應該能夠處理外匯、能源和各式各樣的金融商品，於是接下來我有一週沒有碰股票，開始投資其他商品；後來某天早上我一睜開眼，突然覺得自己像個傻子，隨時都會被市場吞噬，當時的壓力實在很大。

　　一直關注價格變化的規律時，我突然想：「難道不能利用數學和統計學進行研究，並預測價格嗎？」

　　於是我開始研究，也邀請其他人來。我們逐漸建立起模型，這個模型變得越來越好，最終用模型做出所有判斷。

　　中間經過了很長的一段時間。

　　問：你本來就是一名數學家，為什麼花了 2 年時間才想到這方法？

　　答：有兩個原因。事實上，這個模型很早就發現了，我還帶了一位曾一起在破解密碼機構工作的好朋友，我認為我們兩個人可以馬上建立出模型，那是很早以前的事，但是製作模型並沒有想像中順利。模型的根本部分有著重大缺失，使得這個模型沒有那麼好用。

　　我們針對各環節進行談論，進展並不順利，但是我仍認為能夠製作出模型，於是我又找來了其他數學家和一些精通電腦的人來，從那時開始，才建立出一個有效的模型。

市場上有一個假設，即使分析數據，也不會獲得額外的利潤。大家認為價格總是正確的，因為它能夠反映出未來，從某方面來說，可以說價格永遠是對的，但有時並非如此，數據會有異常的時候，從過去的歷史數據中可以找出來。舉原物料市場為例，這樣的趨勢特別明顯。

這並非過度依賴走勢，而是適度地跟隨走勢。只要把握好趨勢下注，就能賺到更多錢，這與價格上漲或下跌沒有任何關係。我們在數據中發現了這樣異常的現象，漸漸地，我們發現了越來越多的異常現象。

沒有什麼馬上能引起注意的東西。如果某件事引起了我的注意，其他人必定也會注意，所以它必須非常的微妙。當我開始將微妙的異常現象放在一起時，就得到了預測價格相當準確的部分。

這叫機器學習。尋找出具有預測能力的方式，進行預測。

這可能具有預測能力，然後我們就透過電腦進行測試。

問：你使用了數學裡的哪個領域？還是你運用了跨領域的方法？

答：大部分是靠統計，我還寫了一些概率理論。我無法一一告訴你我們使用了什麼或沒有使用什麼，我只是嘗試了許多我認為會有效的方法。

問：我認為有很多人都想投資獲利。

答：那是一定的。

問：應該有和你具備相同水準的數學能力或電腦能力的人，可是為什麼只有你成功，其他人沒有？

答：我不知道。首先，確實還有其他人也做到了，不過，我認為我們公司表現得更好，我很確定這一點。無論如何，其他公司也擁有非常好的模型。

我們在這個行業並不孤單，但是這方面的工作是非常困難的，進入的門檻相當高，例如，我們多年來蒐集了大量的數據，製作了一些程序來測試我們的假設，除此之外，還有很多別的因素。我們的基礎設施非常完備，一切都經過精心調整，我花了很多年才弄清楚如何做到這一點。

問：我看過你製作的模型。你們應該對擁有這樣的模型感到自豪！但是，要完全相信模型很難吧？所有的成功都要靠電腦，不會傷自尊心嗎？

答：不會的，電腦只不過是我們使用的工具，一個好的木匠不會說他的成功是因為他的工具。你可能有很好的裝備（指採訪者的相機和拍攝工具），但這並不意味著你就成功了。你擁有很好的裝備而且也做得很好，但其他人可能也擁有同樣的裝備，但做的一蹋糊塗。

我不認為電腦可以完成所有事，電腦只是在做我們命令它做的事。

總結詹姆斯·西蒙斯的訪談，可以歸納出以下幾個事實。他得到的驚人報酬率是因為他解讀了市場變化的規律，並透過反覆試誤，建立解讀的模式，創建出獲利系統，並利用系統賺錢，這非常不容易，而且花費了很長一段時間，測試模型的運作也花了很長時間。

也有其他人使用類似的系統進行交易，但和他們的模型略有不同。不光是因為系統設計的好，而且透過大量反覆的試驗，才建立出獨特而優秀的系統，讓其他公司難以追上，這個系統讓他獲得了成功的投資結果。這不是憑空出現的，而是經過深思熟慮的運算法則。

對於價值投資人，尤其是傳統型價值投資人來說，這些聽起來可能很陌生，但卻具有重大意義。古格里·祖克曼（Gregory Zuckerman）《洞悉市場的人》（*The Man Who Solved the Market*）書中研究西蒙斯創立的文藝復興科技公司（Renaissance Technologies Corporation），指出西蒙斯在原物料領域的投資非常成功，但擴展到股票市場的過程中，歷經了許多曲折。他們用高水準的遞迴關係式計算並投資，在原物料市場取得相當大的成功。這也反映在前文的採訪內容中。

「這並非過度依賴走勢，而是適度地跟隨走勢。只要把握

好趨勢下注，就能賺到更多錢，這與價格上漲或下跌沒有任何關係。我們在數據中發現了這樣異常的現象，漸漸地，我們發現了越來越多的異常現象。」

這方法並非尋找公司的內在價值，而是尋找價格波動的規律，跟隨規律賺錢。嘗試的次數越多，發現的規律就越多，從而帶來更大的利益。強調遞迴關係的喬治‧索羅斯（George Soros）也是用這樣的方式獲得了高收益，換句話說，如果價格有一個方向，憑藉價格的力量向某一方向流動的趨勢，就稱為遞迴。

最後，《洞悉市場的人》書中說到，西蒙斯把大量的精力放在解讀價格的規律上，從中賺了很多錢。50 歲前西蒙斯並不是億萬富翁。到了 50 歲後，才取得了巨大的成功，現在西蒙斯是身價高達 230 億美元的億萬富翁，更厲害的是，他的投資生涯從 50 歲才開始。所以已經超過 50 歲的投資人，不用太過焦慮。

此外，在投資的過程中，他也經歷了許多起起落落。投資金額增加到 9,000 億美元後，礙於市場規模，原物料市場難以再繼續成長，於是西蒙斯轉向了股市。西蒙斯的系統於 1996 年成功建立並擴展到股票投資上，過程經歷了長時間的磨合，他雖然是個天才，但過程中仍充滿痛苦，這在投資的世界裡是很常見的事。

雖然他採取的方向與價值投資完全不同，但透過西蒙斯的

故事，仍能夠學到不少東西。天才型的解密數學家投入大量精力，忍受大量試誤的過程，最後創造出自己獨特的投資模式。

詹姆斯・西蒙斯和華倫・巴菲特身上有一個共同點，他們都是從一名投資人出發，然後成為了企業家。

華倫・巴菲特成為了控股公司的董事長，允許子公司的各個總裁最大限度地發揮自己的能力，讓他們專注於自己喜歡的工作，不用承受其他部分的壓力，例如，利潤管理等，因此子公司都能持續保持驚人的成果，這也證明了他的創業能力。

詹姆斯・西蒙斯把他所有的力量集中在挑選傑出的人才上，創造了一個可以自行調整的投資環境，並提供資源讓他們能保持專注，這顯示出他是一個良好的管理者，能夠管理好許多投資人。他為這些投資人設計出良好的系統幫助他們投資，充分展現了優秀經理人的能力。

價值投資的頂尖人物，與風格完全相反的系統交易傳說人物，兩人竟然有相通之處，這點相當有趣。身為投資人，當業務的規模成長超過一個程度，自然就會登上管理者的職位，這是我從這兩個人的身上看到的。

史上最強股票作手傑西・李佛摩

本章介紹的人物中，傑西・李佛摩（Jesse Livrmore）應

該是最獨特的一位。雖然他非常獨特，但並非市場上少見的類型，有很多與傑西・李佛摩相似的人，我認為韓國的大多數投資人都會進行這類的投資。在證券節目等財經相關的地方，可以看到很多與傑西・李佛摩投資方法類似的例子，這類投資方式在韓國能站穩腳步，不是韓國特有，而是每個國家在「價值投資」的模式建立前，最常見的投資模式。

　　過去以單一品項為主的原物料與期貨交易，就是這類投資的雛形。當時，交易時的技術非常重要，也可以說交易技術決定一切，以大米為例，如果剔除天氣、豐年、飢荒和戰爭這些因素，剩下的絕大部分都是市場參與者間的心理戰。被日本人稱為投資大神的本間宗久，就留下了酒田戰法等多種交易技術，這種以交易為核心的投資，在韓國依舊盛行的原因，應該是因為這種風格仍然存在於交易的基因中。

　　回到傑西・李佛摩，當股市以交易為核心發展時，他是其中表現最好的人。讓我們聽聽他說的幾段話：

　　沒有人可以僅透過聽從並遵循他人指導，就變得非常富有。根據我的經驗，自己判斷能賺到更多錢，勝過別人給你一個或一連串的機密情報。即使我的判斷是正確的，也花了 5 年的時間，才達到能完全運用智慧玩投資遊戲，並賺到很多錢的境界。

　　就算有人能一直關注市場並看清楚市場行情，仍需要時

間讓行情朝他預想的方式變化。

　　也因此，人們常常會變得不耐煩或懷疑自己的判斷。這就是為什麼聰明且優秀的經理人會賠錢的原因，不是市場打敗了他們，而是他們輸給了自己，因為他們雖然有思考能力，卻不能肯定地堅持自己的立場。

　　如果不相信自己的判斷，在這場比賽中就無法走得更遠。

　　無視內心的雜念和動搖的信念，堅守自己的立場，聆聽經驗和常識的建議。好不容易募集到一定程度的種子資金，雖然機會很渺小，但就算把種子資金虧掉也要抓住機會，就當作是買不起的奢侈品。然後我耐心等待了 6 週，最終，常識戰勝了貪婪和雜念。

　　　　　　　　　　　　　　　——《股票作手回憶錄》

　　　　　　　　　　（ *Reminiscences of a Stock Operator* ）

　　與本書討論的其他投資人態度相比，李佛摩是很獨特的人。雖然我們周圍有很多人嘗試過，但很少有交易者能夠達到這種程度的成功。儘管如此，我們還是可以找到一個共同點。就是堅持、學習和努力。成功絕對不會自動找上門，透過典型的交易者李佛摩的例子就能理解到這一點。

韓國投資界的隱藏高手

韓國有很多知名的投資人。我認為這些人將來也能成為像華倫‧巴菲特或彼得‧林區這樣的大師。然而，沒有被發現的高手，實在是太多了，如果以後有機會，我想拜訪這些專家，採訪他們並聽聽他們的投資策略，彙編成一本關於在韓國成功投資的規則。但是跟寫書這件事相比，我更喜歡閱讀，所以也不能保證是否會成真。

當我們談論市場上的成功投資人時，通常都會拿國外的例子來說明。當然，因為美國資本市場已經有超過 100 年的歷史，有許多知名的世界級投資人，韓國邁向資本市場已經快要50 年，我認為代表韓國的投資人是時候該出現了。我希望能夠代表韓國的基金經理人數能增加，取得顯著成功的投資人數量也能越來越多，事實上，成功者比過去要多很多，只是他們還躲在幕後罷了。

我想多認識和採訪這樣的人，與其他人分享他們的成功訣竅，在進行嘗試前，本書中我採訪了與我關係比較密切的成功投資人，並和大家分享他們的成功祕訣。

比保守更保守的吳大哥

吳大哥比我年長五歲左右。外表看起來是一名普通的上班

族。事實上，他並不是普通的上班族，他曾經是一位擁有資深投資經驗的基金經理。雖然他的投資原則和方法與他從前的工作有關，但在公司裡面他並不受到歡迎。這是因為與公司規畫的藍圖相比，他的方式太過平坦和穩定。從這個角度說，他是一名普通的上班族並沒有錯。

這種類型的人特點是「不貪婪」。而且（在投資方面）對自己幾乎沒有信心，不相信自己能做得很好，所以在選股上只會做出非常保守的選擇。目標的報酬率非常低，即便是微薄的利潤也能夠很滿足。經過 7 年的準備，2000 年時，他終於募集到了種子資金。他的資產規模在過去 20 年內成長了約 60 倍。20 年間賺得 60 倍左右的回報，雖然不能說非常了不起，但已經相當不錯。不過，除了報酬率，他最大的優點是幾乎沒有在投資上感受過任何壓力。他是如何在沒有壓力的情況下，讓資產穩定成長？

吳大哥的特點是，投資過程很少經歷所謂的飆股。因為他的風格是一旦賺到足夠的錢，就會獲利了結，所以他幾乎隨時都有充足的現金，有時候他持有的全部資產都是現金。我偶爾跟他一起吃飯時會說：「大哥，這檔股票因為種種因素非常的有潛力，只要繼續照這樣發展下去，一定會產生收益的。」即便我這樣跟他說，但如果沒有滿足他自己設定的標準，或是不夠便宜，他仍舊不會出手。聽到這裡，有人可能會問：「他是如何賺到這麼多錢的？」只要分析一下吳大哥具體的報酬率，

謎題就解開了。

　　總體來看，吳大哥從 2000 年以來，每年的報酬率一直保持在 20 ％左右，只有 2008 年（-20 ％）和 2011 年（-2.6 ％）這兩年有發生過虧損，之後也一直保持穩定的趨勢。當然，在 2008 年大崩盤後，也有過巨額的收益，因此才有可能實現近 60 倍的收益。當我和吳大哥見面時，他總是會說：「你太過自信了！」「你不應該那麼主動！」就像是一個一直呼籲安全駕駛的教練一樣。

　　老實說，和吳大哥見面聊天時，常會覺得很鬱悶，但現在我完全能理解他的想法。即使速度很緩慢，只要投資人能堅持下去，就絕對能取得一定的成果，反而，對一般投資人來說，最需要的「模範態度」就是吳大哥這種風格。

　　吳大哥管理資產的方法在 2020 年新冠肺炎危機期間大放異彩。3 月中旬，當人們陷入恐懼哀鴻遍野之際，他便開始大舉動用手頭上的現金。

　　當時吳大哥和我的對話如下：

　　「吳大哥，我的一些客戶快要瘋掉了，我認為現在必須要做一些風險管理。」

　　「不是吧？我現在才正要開始買耶！」

　　「現在是時候買進了嗎？現在不是應該考慮風險，出售的時候嗎？」

　　「但我認為現在是買入的時候了。」

　　之後我曾經跟他確認過，在崩盤的情況下吳大哥還是沒有投入所有的現金，手中還剩下大約 50％現金。雖然他還想投入更多，但是市場已經開始上漲了。儘管如此，吳大哥並沒有感到後悔，而是對自己已經超額完成年度報酬率的目標感到非常滿意。吳大哥還跟在一旁為他感到惋惜的我說：

　　「我已經超過了設定的年度報酬率，離今年結束還有六個月的時間！」

　　「我覺得非常滿意！」

　　然而，有趣的是吳大哥在騎自行車時非常有攻擊性和侵略性。投資時他總保持著規避風險的心態，但是內裡隱藏的本能，似乎在騎自行車時全部展現出來。騎自行車時，吳大哥比我騎得快很多，也發生過很多次事故。

擁有高技術水準的小高

　　我有一個姓高的朋友，他的投資成果令我印象非常深刻。我很猶豫要不要在這裡分享他的故事。因為對一般投資人來說，這是一個很難遵循的模式。

　　首先，小高從大學時代開始就拿少量的資金開始投資，並且現在即將要進入有錢人的行列。我很好奇當他進入有錢人的行列時，他的投資風格會發生怎樣的變化，也許他的投資方式會呈現與現在不同的軌跡。總而言之，資產的規模難免會改變

投資方式。

　　這位朋友蒐集的數據量和累積的學習量,都遠遠超過其他人。投資就是一個典型的改變大腦結構的例子,這是需要習慣的,也就是需要內化的,最重要的是,他之所以投資是因為覺得投資很有趣。他會徹夜不眠地確認聯準會的發言(最近已經不會這樣了)、閱讀所有產業的報告、了解每個產業的內容,並且比公司內部的人還更徹底地分析公司。讓人不禁聯想到彼得・林區。

　　這位朋友投資的關鍵在於他會「買入市場裡誤解的地方。」市場上誤解的地方指的是在產業和消費的現場有明顯上升的趨勢,而且銷售額和利潤確實都有成長,但市場上的價格卻沒有把這些反映出來的公司。

　　挑選出他認為價格足夠便宜的公司這件事上,他展現出驚人的手腕,這也代表他對大量的公司進行過分析與研究。當我偶爾與小高交談的時候,我對他所了解的公司範圍之廣感到很驚訝,由於他已經有二十多年的投資經驗,顯然一直以來累積了非常深厚的功力,即使在某種程度上,他已進入了成功投資人的行列,但他仍舊不斷地更新各家企業的情報,這點令人印象非常深刻。

　　除了這些特點,小高最厲害的是他遠離危機的能力。當危險或不確定的情況來臨時,他總是能驚人地避開危機。他的祕訣如下:「賣的時機好,買的時機也要好。如果我的判斷是錯

誤的,我會毫不猶豫地採取相反的操作。」這句話的意思是,當他認為風險逼近的時候,他就會大幅增加現金持有的比重。但是,如果危機沒有按預期到來,當他發現自己判斷有誤時,他會毫不猶豫地改回買入。令人驚訝的是,通常他拋售後,市場就會出現崩盤、暴跌和恐慌的情況。這代表他時常保持一定的現金。

正是由於這樣的投資態度,他在 21 年的投資生涯中,年報酬率從未出現過負數,而且每次危機後都獲得了高額的收益。小高的平均報酬率是多少呢?他從來沒有詳細的告訴過我。無論如何,2020 年新冠肺炎疫情後,估算他可能突破1,000,000%的利潤。正確的數字可能只有小高本人才知道。

從上述兩人身上可以發現一個重要的共同點。他們對風險管理都很敏感,兩人僅在報酬率上有差異。儘管如此,兩人的方法是一脈相連的。他們都認為風險管理是最重要的。另外一個重要的點是不要讓年報酬率變成負的。如何管理風險取決於自己,無論是 6,000%還是 1,000,000%,對於生活質量的影響差別並不大。希望每個人都能足夠到達財務自由,過著幸福快樂的生活。如果能用一個稱呼同時叫這兩個人,我想這樣叫他們:「複利的魔法師!」

豪邁人生的典範崔大哥

接下來要介紹的這位隱藏的高手，對於散戶來說，就像一個無價之寶。上述兩人需要相當多的訓練，但我接下來要介紹的高手，一般投資人只要遵循原則就可以跟得上他的方式。接下要介紹的主角是崔大哥。

崔大哥一直享受著悠閒而美好的生活。他懂得欣賞音樂、熱愛旅遊、品嘗紅酒、享受文化並且品味人生的價值。每次看到這個人，我都佩服他怎麼能活得這麼精采，我覺得他的人生就是投資人的榜樣。

讓我們來看看崔大哥的投資模式，他的方式比其他投資人擁有更多的餘裕。

與其他人不同，崔大哥用韓國人的資產成長率作為他投資時的基準，不是依靠南韓綜合指數（KOSPI）的報酬率。用資產成長率就能夠親身感受到實際的通貨膨脹率，以這樣的報酬率為目標，管理自己的資產。

以市場普遍感受到的家庭淨資產成長為基準，將基準報酬率設定在 5% 左右。以前的基準報酬率應該還要更高，而最近則一直呈下降趨勢。隨著設定的標準不同，他的玩法也明顯與其他投資人不同。

構建投資組合時，他會將目標總收益率設定為個人目標收益率的兩倍。因此，投資目標的資產性質也與其他人有所不

同。目標的資產性質幾乎都是固定收益（fixed income），跟債券性質相似的資產。但是，投資的目標是股票，而不是債券。也不是可轉換公司債（CB）或保證債券（BW）。如果聽他投資的基本面，會發現他所投資的資產非常符合固定收益。當我聽了崔大哥的故事後，我不自覺地驚嘆：「原來即使是股票，固定收益也能夠達到如此驚人的水準！」

關鍵在於股息和額外選擇。專注於尋找符合自己基準，並且附帶權利和股息的股票。不是單純尋找高股息收益率，而是確定股息的持續性和穩定性，以及是否有額外的權利，掌握這些資訊後才做出投資決策。他特別喜歡投資那些有額外股息和特殊條款的公司，以及有併購的可能性，或是資產利用率極高的公司。這樣的公司，只要一有好消息，就會產生高水準的股息和高額回報。

平常他透過股息來確保利潤，偶爾通過事件的發生獲得較高水準的收益。此外，他把重點放在找尋未來能夠產生高股息的公司，也就是預期股息報酬率，就能滿足自己目標報酬率的公司。透過這樣的流程，崔大哥實現了自己設定的目標報酬率。如果將平時的股息收入和偶發事件的收益相加，並將其轉換為年報酬率，大約能獲得 10% 的稅後收益，達成根據家庭淨資產成長為基準目標的兩倍。

為了方便理解，簡單來說就是主要買入殖利率高而且穩定的公司，而且不僅殖利率高，未來可能發生特殊事件的機率較

高的公司。已經有多次投資分紅的公司在成為控股公司的過程中有可能發生併購，當發生這樣的事件時，除了獲得長期以來的分紅，還有可能獲得數倍的資本收益。

另外，崔大哥的投資原則中有一個很重要的部分，檢查目標資產的價格與價值比，當股票價格上漲並且超過價值到一定程度時，他就會用更低價格的股票來替換原本的投資組合。代表性的例子就是在 2020 年新冠肺炎疫情危機的期間，因為他所持股的公司都是高殖利率的公司，因此雖然面臨新冠肺炎疫情危機，但是股價都沒有大幅下跌。然而，市場上有大量的股票因為投資人恐慌而被拋售，而過去一直穩定分配股息的公司，在股價下跌的同時，殖利率也急劇上升。一直分配市場價格 5％股息的股票在價格減半的同時，殖利率也上升到 10％。

當時崔大哥所持有的股票價格波動都不大，所以他把持有的股票賣出，並用股價跌到谷底的股票來填滿投資組合。結果很明顯了吧？當然，蒐集恐慌性拋售後慘跌的股票時，他依舊根據自己設定的基準來選擇投資組合。他購買了一家股息穩定而且持續有保障的公司，並改變了自己的投資組合，尋找那些即使在新冠肺炎疫情持續的情況下，也能維持原有商業模式並穩定經營的公司。

與其他投資高手的方式不同，普通投資人應該向崔大哥學習並且可以照做的部分，是他在任何情況下都不會偏離自己的原則並且繼續投資這一點。並且他的投資原則並不浮誇，而且

他會嚴格遵守。事實上，要一個人確實地遵守這些原則並不容易。雖然這個模型是可以遵循的，但是要堅持原則到底並不容易。事實上，在面臨新冠肺炎疫情危機時崔大哥曾說過一些非常有趣的話。

「股價不是狂跌嗎？實在太嚇人了。當自己擁有的資產價值暴跌時，我非常害怕地大喊：『這是什麼狀況？』」

「那時，我依然遵守自己的原則，我在內心裡打定主意『好吧！就按照原則繼續實行吧！』」

「這一次其實心裡有些動搖，我重新閱讀過去自己所寫的一些文章，找回了內心的平靜。以前，我會藉由閱讀投資經典來讓內心鎮定下這，但這次則是受自己所寫的文字影響。一個人年紀大了後好像就會這樣。」

「而且我根據原則追加買入，然而還是繼續再下跌。」

「於是我在負擔得起的範圍內按照自己的原則，使用槓桿購買了更多股票。」

我很好奇地問他使用槓桿的原則是什麼？他回答：「我在一年裡收到的股息和我一年內能賺到的年薪就是我的槓桿總和，這是我可以平靜地承受的程度。」

最近他生活上的心態又變得更舒適了。因為他的股息分紅完全超出了他的年薪，所以他決定追求更自由的生活。我想告訴投資人：「如果始終能堅持自己設定的標準，並使用累積

股息的方式投資，那麼總有一天股息的分紅可以達到年薪的水準。就算是達到『財務自由』。」

　　或許正是因為這樣的投資原則，在我遇到的所有投資人中，崔大哥是最能悠閒享受生活的一位。有時一起吃飯時，我總是很期待，因為他總會帶我去我從未去過，非常獨特和神奇的餐廳。能享受生活的投資方法對投資人來說應該很有吸引力，我也向你推薦這樣的投資方式。

　　他將稅後的年收益率從目標的 10％ 不停向上提高，而投資時的心態比任何人都還要輕鬆。我認為這就是菲利普・費雪（Phillip Fisher）《保守型投資安枕無憂》（*Conservative Investors Sleep Well*）書中所出現的典型範例。他獲得財務自由，並將其融入生活的價值中，這樣的投資方式給人留下深刻的印象。

　　崔大哥投資的核心理念是嚴格按照自己設定的標準進行投資。令人印象深刻的是，崔大哥也從來沒有一年發生過虧損。

　　最重要的是，普通人能夠模仿並且在現實生活中實踐，我希望所有的投資人都能將崔大哥的投資方法銘刻在心上。

集中且長期投資的老劉

　　我一直從旁觀察老劉成長的過程，他和我一樣，曾經嘗試

過許多失敗的道路，10 年的時間裡，歷經反複盈虧，一直原地踏步。儘管如此，在如此艱難的情況下，他也沒有放棄，而是不斷往前。

證券業每天會發布大約 30～50 份的報告，他每天都會確認這些報告，每天早上 7 點上班，日出而作，每天查看最新的報告，並從報告中掌握趨勢和脈絡，這就是解析市場趨勢的過程。每天累積的過程成就了他，也促進他的成長，當累積超過臨界點時，就產生爆發性的成長，資產在一夜之間發生變化。

資產的成長雖然是爆發性的，但為這樣的爆發奠定基礎的過程是非常需要耐心的。他永不放棄，並克服了無數挫折，磨利了自己的劍，才能在關鍵時刻精準地斬向目標。

在進入爆發階段的過程中，有一件事起到了重要的作用，就是他放棄了證券行員如生命一般的「炒股」行為，放棄炒股後，他迎來了全新的生活。他依賴自己多年來累積的內功，找到正確的投資方式。就像在超音速戰機上加裝巡弋飛彈一樣，發揮超強的破壞力。

老劉從投資生涯的早期開始就一直密集地進行投資。所以，他雖然從 2000 年就開始認真投資，但一直都是有輸有贏。從 2000 年起他花了 10 年時間，在一次次的成功和失敗中，不斷完善自己的投資方式，但仍始終堅持密集投資的方式。當他進入投資生涯的第 10 個年頭，也就是 2010 年左右，發生了一件重大事件。長久以來一直研究和投資的股票中，出

現了 300％以上的收益，成功後，他開始放棄過去在證券公司以炒股為主的方式。就像已經生根的竹筍，瞬間產生量子跳躍，報酬率開始爆發。

集中投資 × 長期投資

集中投資的專長加上長期投資的推動力，威力如同裝在超音速戰機上的巡弋飛彈一樣，開始量子跳躍。後面 10 年的期間，他的資產增加了約 5,000％。這是非常快速的資產成長。

老劉投資時的另一個特點是對所投資的公司瞭如指掌。他會一再地確認再確認。他確認公司的情報到了一種近乎偏執的程度，後來成為了企業 IR 負責人避而遠之的人物。然而，由於他的投資規模，公司也不敢隨便應付他，就像一種如同雞肋般的存在。過去 10 年的失敗經驗在養成習慣的過程中起了很大的作用。

2000 年網路泡沫時期，媒體上經常流傳著誰賺了幾千萬、幾十億、幾百億，這樣神話般的故事。老劉也是聽到這些故事之後開始投資，他認為自己也可以做得很好，然而在最初的 10 年飽經風霜經歷了各種千辛萬苦後他產生了一些想法。

「在我看來，無論我多麼努力地去了解公司，無論我檢查得多麼徹底，我的判斷都可能是錯誤的，我無法準確了解公司的發展方向。」

「這就是為什麼除了一次又一次地確認，沒有其他的選擇。」

「因此，每當我有問題時，我只能一遍又一遍地打電話詢問。」

他會一再地確認，甚至給自己投資的公司打過數百通電話。當然，由於是長期投資，這是花了數年的時間累積的。我擔心有些人閱讀完這段後，會開始每天打電話到投資的公司，還不至於要到那種程度。

對於像我這種業界裡的投資人來說，老劉的案例很值得關注。從事這一行業，尤其是做所謂「經紀」業務的證券公司員工，有很多可以向老劉學習的地方。從我自己在投資領域的經驗來看，能做好經紀業務，同時又讓資產成長的人真的只有少數。所以，實際從事經紀業務並同時使資產增加的人，一般都是把長期和短期投資分開管理的人。

如果有人從事經紀業務的工作，希望能早點了解，要透過炒股增加資產是非常困難。一般來說資產成長往往發生在少數特定公司的股票爆漲的時候。老劉證實了這一點。

老劉今天仍然一大早開始上班，查看當天發布的報告並了解整體市場趨勢。這個習慣幫助他養成敏銳的感覺，有時候早上會突然收到他的訊息，「我認為今天〇〇公司的股價會大幅上漲」好幾次他的預言都成真。這就是靠習慣培養出感覺的典

型例子。當然也要記住這通常是在牛市時的情況。因為分析師的報告在熊市中的效果不佳。

此外，還有很多隱藏起來的偉大高手，這裡就不一一介紹了。未來，我希望這些隱藏高手能夠出來放手一搏。

在這一章中，我們認識了幾位著名的外國投資人和韓國隱藏的高手。他們以不同的方式累積了許多投資成果。很難用言語來完全描述出他們在長時間的過程中所付出的努力。我認為那些始終不放棄並享受投資過程的人，都是值得表揚的，因為他們為新手投資人鋪平了道路。

我衷心希望閱讀這本書的投資人，能夠跟隨前人的腳步成長並脫胎換骨。牢記介紹的各種投資態度，最後成長為偉大的投資人、富人和資本家。

我希望金融市場能夠發展、產業的生態能夠健全、新的創業公司能夠活躍，創造出一個讓年輕人能充分實現夢想的環境。並且我相信這些在未來都會實現。

結語
用正確的投資態度，邁向財務自由

　　通常談論貨幣的性質時，會從交易、保值、估值的角度切入。然而，這種對貨幣功能的分類，只能反映出貨幣的性質，一旦加入時間因素時，就會發展出截然不同的面向。

　　如果把時間因素添加到交易、保值和估值這三個要素中，貨幣就會變成幾乎無所不能，換句話說，只要有了錢，幾乎可以做任何事，就像有人會說：「可以為了錢出賣靈魂。」

　　「集體智慧」也拓展了時間的概念，指集結眾人的想法和意見，做出決策的過程。從時間的角度來看，集結智慧的過程，可以看作是時間匯聚，因為眾人聚集在同一處，共同花時間匯集想法。時間原本就是存在的基本概念，因此被視為人類無法控制的神聖之物，而金錢成功地將自己擺到了時間之上。

　　從這個意義來說，金錢的價值已經成為一切事物的標準。過去金錢買不到的東西，現在幾乎用錢都能買到。最終，個人價值被金錢沖淡，趨向無價值化，其他事物的無價值化，使得金錢被抬高到如神一般崇高的位置。無論同不同意這個觀點，這都是人類在現代資本主義中所見證到的事實。

　　德國哲學家格奧爾格・齊美爾（Georg Simmel）曾說：

相同條件下，將最遙不可及的事物聯繫在一起，趨向於平均化，產生包容性越來越廣泛的社會階層；另一方面，卻趨向於強調個體性，人的獨立性和發展的自主性。

一方面使一般性、普遍性的利益媒介、提供聯繫和溝通的方式，另一方面又能為個性留有最大餘地，使個體化和自由成為可能。

人們常抱怨金錢是我們的上帝……金錢漸成為所有價值的表現形式和等價物，超越客觀事物的多樣性，達到完全抽象的高度。成為一個中心，在中心處，彼此尖銳對立、遙遠陌生的事物找到了共同之處。

所以，事實上也是貨幣導致了對具體事物的超越，使我們相信金錢的萬能，如同信賴一條最高原則。透過這種方式，金錢實際上像神一樣超越了個人，並且相信自己無所不能，好像至高無上般，因此，在任何時候，都會使我們重新轉變為個人且卑微。

—— 《貨幣哲學》（*The Philosophy of Money*）

可能因為作者是哲學家的關係，對於金錢已經站到神一般的位置上，描寫得非常精彩。

問題是，儘管無價值化的現象發生，每個人仍然都有自己存在的價值。但如果你沒有意識到金錢造成的無價值化，很有可能會淹沒在枯燥的理性、冷靜與無價值化的幻想，三者互相

融合的洪流中。

　　然而，這個世界有它自己存在的意義。春天的花落下後，田野仍會開滿各色的鮮花，百合花、杜鵑花、櫻花等，突然，我意識到自己對美麗花朵的名字知之甚少。

　　克服了投資態度的部分後，仍要持之以恆，堅持正確的投資態度。每個投資人都有自己獨特的風格，希望這些獨特的風格能夠像香氣一樣流傳下去。

　　也希望本書的讀者，未來在財富方面能邁向成功。取得成功後，記得回首看一路走來的心路歷程。

　　如果憑藉鋼鐵般意志和機器般冷靜，投資成功的投資人，能夠不失去溫暖的心，社會就會變得更加美好。這是我在寫這本書時，一直期待的，誠摯地希望本書能發揮這樣的效用。

謝辭

想不到我竟然能寫一本書，而且還是一本跟投資有關的書。像我這樣愚鈍、倔強、還帶著孩子氣的人都能出書，這個世界果然沒有不可能的事情，處處充滿了驚奇和冒險。

像我這樣的人都能寫書，相信優秀青年們只要鼓起勇氣，人生一定能收穫美好的果實。我有一項專長，就是即使事情不順利，也能夠堅持不懈，我想告訴大家，就像在細雨中衣服遲早會溼透一樣，只要每天穩定地向前走，道路就會出現，眼前會看見清晰的風景。尤其是在投資的叢林中，只要能有毅力通過被陡峭的峽谷和懸崖阻擋的艱難路段，就能看見一條風景優美的道路。

即使到現在，當我遇到困難時，嘴裡依然會蹦出髒話，但我很感激這些機遇，讓我有能力接受挑戰。我想告訴每位讀者，既然像我這樣的人都能做到，這絕對是一條任何人都能走的道路。

多虧許多人的幫助，我才有今天。我一直沒有機會正式向所有人說謝謝，很高興現在有這個機會，可能有生之年，我沒什麼再出書的機會，所以我想趁此機會向這些人說聲謝謝。

投資這一行本身是非常社會化的，因為金融市場是在資本主義發展到一定程度後才形成的，最終我還是需要依靠社會，

我認為沒有人是可以不依賴他人而活的。感謝上天讓我出生在這個充滿活力的國家，雖然年輕時，我也經常抱怨過：「怎麼會出生在這樣的國家？」但現在長大了，心裡還是充滿感激。

俗話說「老鼠洞也會有光照進來的時候」，自從在投資的世界裡穩扎穩打、不斷精進，我的收益逐漸提高，資產也持續增加，就在我憧憬著未來的時候，生活發生了意想不到的變化，我參與錄製了Youtube頻道「Sampro TV_ 與經濟之神同行」，當然，之前我也上過電視，而且得到不少人的支持，但及時交流的直播體驗，對我來說是非常神奇的冒險經驗。

我要感謝主持人Dong Hwan大哥，讓我在節目裡玩得非常開心，也要感謝Young Jin，他雖然話很多，喜歡不停嘮叨，但卻創建了讓大眾都可以輕易接觸的投資節目（Young Jin！把資產交給我來幫你管理的話應該會更好，即使你再怎麼努力，也追不上我的。但是，作為一個男人，的確值得試著開拓自己的道路。我會支持你的，希望你能取得好的成績。）最重要的是，能夠身處韓國投資界不斷變化的中心，對我來說是一生中相當刺激的經驗，感謝Sampro TV給我這樣的機會，感謝工作人員製作這麼好的內容。

儘管如此，如果公司不讓我上節目的話，我也不可能有機會參加，感謝新韓金融投資大方地允許我參與節目，希望我的言論不會損害到公司聲譽，能為公司帶來好處。我很感謝許多公司前輩對我的認可，並鼓勵我發展自己的技能，感謝預見

了新時代到來的 Ki Jeong 姊，還有我敬重的組長 Tae Sun 哥，他總是說這份工作很適合我，並鼓勵我努力工作，以及 Yun Ju 姊，她像朋友一樣，也是公司裡最聰明的領導。許多同甘共苦的前輩、同事和後進的名字，如走馬燈一樣在我眼前飛過，尤其要對支持「股市量角器」的後輩們表示感謝。Kyung Nyeon、Hyeon Jin、Gapsu、Jin Ho 謝謝你們，特別是 Gapsu 最近非常「火」，在 Naver café「股市量角器」發揮了推波助瀾的角色。

如果沒有幾位指導我投資的導師，這本書就不會存在，也不會有今天的我。首先，要對我的朋友、同事、啟蒙者和老師，以及與我一起走這一條路的 Jin、Seon、Min、Hyun、Woo、Yeop 和 Mann 幾個人表示最深切的感謝。幸虧有你們，我的生活發生了重大的改變，謝謝朋友們，未來也請多關照。尤其是這本書，我會免費送給你們。

尤其是最近經常被提及的特邀嘉賓 Jin Man，已經成長為一個可以和我對抗的競爭對手，我也想和他說聲謝謝，事實上，看到原本我不看好的朋友奮戰並努力的樣子，讓我更加覺得該努力磨礪自己手上的劍，祝賀你今年管理的資產增加了一倍多。今年我輸了，明年走著瞧！

我永遠不會忘記在我投資成長的路上，像天使一樣指導我的人。在我還是新進員工時負責指導我的 Suhan 哥！謝謝你努力教會我這個當初什麼都不會的菜鳥；謝謝 Hong Minhyeong

教會了我精確的數字概念，並提醒我在探訪公司時計算數字的重要性，當然，他本人也是一個數字天才，你在股票市場比在房地產賺到了更多錢，對吧？我非常感謝 Yeong Han，他一直是我在投資路上的動力和方向，他用犀利的語言教導如何行走投資的道路，並在碰到難關時教我實戰投資的方式。Yeong Han，這都是你的功勞。還要感謝一直關心我的啟蒙導師 Won Hui 大哥。每次我領悟到他所說的原則時，我都會覺得我的投資技術又成長了。即將成為教授的 Jun Sik 哥是我人生的榜樣，我也想過跟他一樣的生活。

感謝 Dae Hun 幫助我完成這本書，沒有他的經驗和智慧，這本書不可能在今年出版。多虧了 Dae Hun，這本書的出版速度加快了將近半年，此外，他還另外做了註釋的工作，使這本書成為一本對初學者非常友善的書。謝謝 Dae Hun。

我還要感謝 Winners Book 的團隊負責人 An Miseong 鼓勵我寫這本書。An Miseong 組長就像是個開瓶器一樣。如果沒有打開瓶蓋，連我自己也不知道自己裡面是什麼樣的味道。

我還要感謝 Kim Giseok 牧師，他讓我經常思考應該人活著的意義。並且也要感謝時常幫助我的 Jae-heung Kim 牧師，謝謝你們時常提醒我在資本這條險惡的路上最重要的目標是什麼，使我不會迷失了方向。

我有一些好朋友已經過了 60 歲的生日。Yun Seokcheol、Han Sangik 博士，我的目標之一就是老了以後要像這些人一

樣。他們過得很瀟灑而且心胸開闊，能和我這樣小自己20、30歲的人交朋友。我還要感謝公司的老闆 Lee Yuil，提醒了我經營管理對於公司的重要性。他讓我體悟到經營管理在公司和股票之間的關聯。

最重要的是，還要感謝我的客戶和我的投資夥伴。我要特別感謝全權委託我做資產管理並購買資產管理綜合產品的客戶。購入我的資產管理綜合產品的客戶也就是我的投資夥伴。10年後，我會讓夥伴都能夠安穩的退休。特別是，希望在未來能讓儘管歷經許多波折起伏，還能夠堅持留住的人豐碩的回報。最後我還想說：「我很快就會超過 Jin Man 的，請期待我的表現。」

「過去在投資的道路上可能曾經走過了許多不太好走的路，一方面是因為從前我的駕駛技術還不是很好，往後我會引導大家走上高速公路的，到我死之前一直陪伴著各位。」

我的妻子 Kyung-mi 一直是我靈感的源泉，感謝你引導過去不成熟的我，讓我成為一個真正的男子漢，以後我會好好照顧你的。另外，我也要向養育太太長大的岳父母致謝。

我要對給我的生活帶來挑戰的女兒 Dabin 和兒子 David 說：「我覺得對你們的抱歉多於感謝，有一個名人爸爸不容易吧！雖然才短短的一陣子，但最近爸爸好像變成名人了，聽見這句話不要跟爸爸翻白眼喔！」

我還要感謝我的母親 Ku Yunbun，她一直是我投資的實驗

對象。「感謝在我剛開始投資的時候，就將許多資產交給我來管理，也因此使我得以更進步，看著帳戶裡的餘額成長了好幾倍，投資的信心增加了不少。真的很感謝！」

已故的父親很喜歡我上節目，我想跟天上的父親說：「多虧有你，我才有去上節目的勇氣。爸爸，最近我成為名人了，信不信由你。」

感謝的話寫到一半，發現一路走來有太多人要感謝了，如果要全部感謝完的話，可能還得另外再寫一本附錄才夠。那些我想感激的人，不停地浮現在腦海中。真的很抱歉，由於篇幅上的限制，我無法向所有人道謝。多虧了你們的幫助，讓我能夠成為現在的我。

最後，要感謝本書的讀者、網路節目的聽眾和「股市量角器」的社群成員。謝謝你們！沒有你們的鼓勵，我做夢也無法出版這本書，出版社可能根本就不會找到我。因為你們的支持，讓我的人生變成了一朵有意義的花。希望以後也能像各位一樣，成為一位把周圍變成花園的人，努力精進！

MEMO

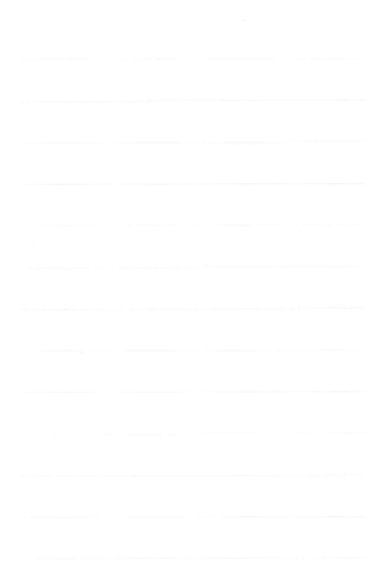

翻轉學 翻轉學系列 073

投資常勝的高勝率金律

葛拉漢、巴菲特、彼得・林區……高手獲利不靠招數，
而是贏在投資的態度
투자의 태도 : 돈을 잃지 않고 투자에 성공하는 기본 노하우

作　者	郭相俊（곽상준）
譯　者	杜彥文
總編輯	何玉美
主　編	林俊安
責任編輯	袁于善
封面設計	FE 工作室
內文排版	黃雅芬

出版發行	采實文化事業股份有限公司
行銷企畫	陳佩宜・黃于庭・蔡雨庭・陳豫萱・黃安汝
業務發行	張世明・林踏欣・林坤蓉・王貞玉・張惠屏・吳冠瑩
國際版權	王俐雯・林冠妤
印務採購	曾玉霞
會計行政	王雅蕙・李韶婉・簡佩鈺
法律顧問	第一國際法律事務所　余淑杏律師
電子信箱	acme@acmebook.com.tw
采實官網	www.acmebook.com.tw
采實臉書	www.facebook.com/acmebook01

I S B N	978-986-507-576-7
定　價	350 元
初版一刷	2021 年 11 月
劃撥帳號	50148859
劃撥戶名	采實文化事業股份有限公司
	104 台北市中山區南京東路二段 95 號 9 樓
	電話：(02)2511-9798　傳真：(02)2571-3298

國家圖書館出版品預行編目資料

投資常勝的高勝率金律：葛拉漢、巴菲特、彼得・林區……高手獲利
不靠招數，而是贏在投資的態度 / 郭相俊（곽상준）著；杜彥文譯 .－
台北市：采實文化，2021.11
240 面；14.8×21 公分 .--（翻轉學系列；73）
譯自：투자의 태도 : 돈을 잃지 않고 투자에 성공하는 기본 노하우
ISBN 978-986-507-576-7（平裝）

1. 財富 2. 理財 3. 投資 4. 成功法

563　　　　　　　　　　　　　　　　　　　　　　110015693

采實出版集團
ACME PUBLISHING GROUP

采實文化 采實文化事業股份有限公司

104台北市中山區南京東路二段95號9樓

采實文化讀者服務部　收

讀者服務專線：02-2511-9798

系列：翻轉學系列073
書名：**投資常勝的高勝率金律**

讀者資料（本資料只供出版社內部建檔及寄送必要書訊使用）：

1. 姓名：

2. 性別：□男　□女

3. 出生年月日：民國　　　　年　　　　月　　　　日（年齡：　　　　歲）

4. 教育程度：□大學以上　□大學　□專科　□高中（職）　□國中　□國小以下（含國小）

5. 聯絡地址：

6. 聯絡電話：

7. 電子郵件信箱：

8. 是否願意收到出版物相關資料：□願意　□不願意

購書資訊：

1. 您在哪裡購買本書？□金石堂　□誠品　□何嘉仁　□博客來

　　□墊腳石　□其他：＿＿＿＿＿＿＿＿＿＿＿＿＿＿（請寫書店名稱）

2. 購買本書日期是？＿＿＿＿年＿＿＿＿月＿＿＿＿日

3. 您從哪裡得到這本書的相關訊息？□報紙廣告　□雜誌　□電視　□廣播　□親朋好友告知

　　□逛書店看到　□別人送的　□網路上看到

4. 什麼原因讓你購買本書？□對主題感興趣　□被書名吸引才買的　□封面吸引人

　　□內容好　□其他：＿＿＿＿＿＿＿＿＿＿＿＿＿＿＿＿＿＿＿＿（請寫原因）

5. 看過書以後，您覺得本書的內容：□很好　□普通　□差強人意　□應再加強　□不夠充實

　　□很差　□令人失望

6. 對這本書的整體包裝設計，您覺得：□都很好　□封面吸引人，但內頁編排有待加強

　　□封面不夠吸引人，內頁編排很棒　□封面和內頁編排都有待加強　□封面和內頁編排都很差

寫下您對本書及出版社的建議：

1. 您最喜歡本書的特點：□實用簡單　□包裝設計　□內容充實

2. 關於商業管理領域的訊息，您還想知道的有哪些？

＿＿

＿＿

3. 您對書中所傳達的內容，有沒有不清楚的地方？

＿＿

＿＿

4. 未來，您還希望我們出版哪一方面的書籍？

＿＿

＿＿

翻轉學

翻轉學

翻轉學

翻轉學